理解

现实

困惑

PSYCHOLOGY

心理学家的幼教课

Ⅲ

重塑早期成长环境

助力 0~6 岁儿童心理发展

李燕芳 著

中国纺织出版社有限公司

内 容 提 要

本书的作者李燕芳教授以大量的基础理论研究与实践研究为基础，梳理了近些年来自于脑、心理行为层面，以及脑—环境相互作用、家—园协同、父母—教师共育等研究领域的最新成果，深入浅出地介绍了儿童早期发展规律与不同环境对儿童发展的影响；同时介绍了国际上早期教育相关的成功经验和中国的本土化探索实践，以期为理论指导与本土化教育实践的结合贡献力量，助力中国早期教育科学化的全面开展。

图书在版编目（CIP）数据

重塑早期成长环境：助力0~6岁儿童心理发展/李燕芳著. -- 北京：中国纺织出版社有限公司，2022.7

（心理学家的幼教课）

ISBN 978-7-5180-9171-3

Ⅰ.①重…　Ⅱ.①李…　Ⅲ.①学前教育—教育心理学　Ⅳ.①G44

中国版本图书馆CIP数据核字（2021）第235997号

责任编辑：关雪菁　刘宇飞　　　责任校对：高　涵
责任印制：王艳丽

中国纺织出版社有限公司出版发行
地址：北京市朝阳区百子湾东里A407号楼　邮政编码：100124
销售电话：010—67004422　传真：010—87155801
http://www.c-textilep.com
中国纺织出版社天猫旗舰店
官方微博 http://weibo.com/2119887771
北京华联印刷有限公司印刷　各地新华书店经销
2022年7月第1版第1次印刷
开本：787×1092　1/16　印张：12.5
字数：144千字　定价：52.00元

序

边玉芳

教授、博士生导师，北京师范大学心理健康与教育研究所所长

北京师范大学儿童家庭教育研究中心主任

教育部中小学心理健康教育专家指导委员会委员

著名学前教育学家蒙台梭利在《人的成长》一书中提出，"人类以婴儿的形态来到世间，其成长发育之快，实在是一个奇迹"。0~6 岁的早期成长阶段是个体毕生发展的关键时期和奠基阶段，身心可塑性极强且具有不可逆性，不仅出现了大脑发育的第一个高峰期，而且是语言、情绪控制、亲社会行为等各项能力发展的敏感期。儿童早期发展阶段的优质抚养和良好教育对个体终生发展起着至关重要的作用。诺贝尔经济学奖获得者詹姆斯·赫克曼（James Heckman）教授曾提出，早期教育投入能够得到最大的收益，早期教育每投入 1 美元，15~18 年后获得的平均收益是 7.14 美元。早期教育也因此得到世界各国的重视，受到教育学、心理学、发展认知神经科学、人力资本经济学等多学科的关注。早期阶段的优质抚养和良好教育

不仅关系到个人未来的学习生活、社会适应和终身发展，也成为衡量一个国家未来的整体人口素质、综合国力和竞争力的重要指标，成为切断贫困代际传递的重要开端。

近年来，世界各国及各相关组织普遍认识到早期教育的重要性，逐步加大对早期教育的投入和支持。鉴于 0~6 岁孩子早期发展的重要性，近几年，党和国家也采取了许多政策和措施促进儿童的早期教育，相继发布了一系列高规格的政策文件，推进 0~3 岁婴幼儿照护发展、3~6 岁学前儿童的发展和教育。例如，2018 年 11 月，中共中央 国务院发布《关于学前教育深化改革规范发展的若干意见》指出，"办好学前教育、实现幼有所育，是党和政府为老百姓办实事的重大民生工程，关系亿万儿童健康成长，关系社会和谐稳定，关系党和国家事业未来"。2019 年 5 月，国务院办公厅发布《关于促进 3 岁以下婴幼儿照护服务发展的指导意见》，文件指出 "3 岁以下婴幼儿照护服务是生命周期服务管理的重要内容，事关千家万户……其重点是为家庭提供科学养育指导，为家长及婴幼儿照护者提供婴幼儿早期发展指导服务，增强家庭的科学育儿能力"，并特别提出 "要加大对农村和贫困地区婴幼儿照护服务的支持，推广婴幼儿早期发展项目"。

儿童早期的健康发展离不开周围的人和环境的影响，家庭、托幼机构、幼儿园以及更大的社会环境构成了儿童初始的生态环境，这些环境系统中的各要素以及不同环境系统之间的和谐互动，对儿童早期健康发展发挥着至关重要的作用，也将对其未来的学习和生活产生持续影响。然而，儿童早期成长状况与成长环境并不乐观。权威期刊《柳叶刀》（*The Lancet*）（2017）对有关儿童早期发展的大量研究报告进行了总结并指出：全球有接近 2.8 亿来自低收入和中低收入国家的 5 岁以下儿童没有达到他们应该达到的发展水平，这一数字占所有 5 岁以下儿童总人数的 43%。在我国现阶段，儿童早期发展和教育也存在着理念上重视不够、行为上科学性不强，以及区域、城乡差异巨大等问题。对城市地区家长而言，尽管获取科学早教理念和知识的机会渠道较多，但由于工作繁忙，隔代抚养形式居多，祖辈抚养带来的观念传统、隔代—亲代教养不一致等问题是当下热点；而在经济欠发达的偏远农村地区，大多数家长仍然持有小孩子只做好吃喝拉撒睡、不用教育的错误观念，不管是在喂养、安全、防疫等养育知识还是亲子互动、正面教养等教育行为上都存在很多问题，不仅不能为儿童创设较好的物理环境，温暖和谐的心理环境更无从提及；同时，这些家长也难以获得有关早期教育的科学指导。因此，如何针对不同地区、不同类型家庭特点传递早期科学理念和知识，引导家长科学养育行为，为孩子创设良好的早期教育环境，已成为社会、公众、早期教育相关部门与机构十分关注的问题。

我非常高兴地看到，北京师范大学李燕芳教授根据国家和社会的需求写了这本书。李燕芳教授是我的同事，多年来一直全心从事儿童青少年心理发展研究，成果卓著。尤其是她在 0~6 岁儿童早期发展的一系列研究，非常具有创新性和应用价值。在我看来，《重塑早期成长环境：助力 0~6 岁儿童心理发展》这本书首先是一本优秀的学术著作，系统呈现了李燕芳教授带领的团队逾十年来围绕儿童早期发展的系列工作与成果，其中既呈现了来自脑、心理行为等多个层面的前沿研究成果，也有脑—环境相互作用、家—园协同、父母—教师共育等最新视角的研究进展；此外，该书的另一个特色在于其对实践的指导性，本书基于每一个主题的研究前沿和发现，结合中国本土实践提出了具有针对性和建设性的教育建议，所以我认为这也是一本非常"接地气"的服务于家长和早教工作者的操作性读本。

我相信这本书将为广大 0~6 岁孩子的健康成长带来福音，启发更多研究者和每一位家长关注早期教育，科学开展早期家庭教育和社会教育，为我国早期教育营造健康、积极的发展环境。也特别希望本书能够为经济欠发达的西部偏远地区，传递一份先进的早教观念、普及一些科学的早教方法，影响和指导家长的早教行为，助力中国早期教育的全面科学化开展。

基于以上认识，特别向广大早期教育的研究者、从业者以及 0~6 岁孩子的家长推荐本书。祝愿本书能助力我国 0~6 岁孩子的健康成长！

前　言

研究的初心

我是一位儿童心理发展与教育工作者，也是一位 10 岁孩子的妈妈。学前教育、儿童心理发展的学科背景，加上天然的、内在的对小孩子的喜爱，使我在生活中经常带着多年来学到的理论知识、研究心得去观察和"研究"每个孩子，以及这个孩子背后的家人和家庭状况。有时会因为在一个个鲜活的孩子身上验证了某个儿童发展理论或实验而"窃喜"，有时会因为看到两个同龄的孩子有着巨大的发展差异而"惊讶"，有时也会因为听到或看到形形色色教育孩子的问题而"忧心"……这些体验使我萌生了探析儿童生命的初始形态及其经历的发展变化的想法。多个学科的研究证据表明，"早期阶段是人一生中大脑发育的两个高峰期之一""6 岁之前的孩子经历了各种心理行为发展的敏感期"……人生犹如一辆无法回头的列车，如何上对第一站，如何给每个孩子一个良好的教育开端非常重要。带着这份初心，带着一份想用心理学研究回答儿童教育真问题的热忱，十几年前，我带着我的第一个研究生开始了有关儿童早期发展的研究，一边在与很多年轻父母的交流中感受他们养儿育女的困惑、捕捉早教中的突出问题，一边寻求科学证据的答案。

踏上本土化探索之路

最初几年，我们在全国"十一五"教育科学规划、教育部人文社科基金、北京社科基金、全国家庭教育学会等的支持下，围绕"儿童早期各项心理行为发展特点以及家庭和幼儿园环境的影响作用"进行了系列研究，并对"父亲参与儿童早期教养的独特作用""家—园环境的和谐匹配""低社会经济地位家庭儿童、流动儿童等弱势群体的早期教育"等问题进行了专题研究，也对儿童"早期大脑发育、基因—环境的交互作用"等前沿问题进行了探索。在这些工作中，我们发现无论是在城市还是农村，父亲普遍缺席早期教育；进入幼儿园的年龄和时长存在一个倒 U 型的最佳值；早教机构和幼儿园的选择并不是越贵越好，而是要和自己的家庭状况相匹配。

后来，在中华全国妇女联合会以及联合国儿童基金会等组织的支持下，我带领团队参加了众多面向偏远贫困地区的"儿童早期发展项目"的设计、实施和评估工作。几年来，我们多次到河北、河南、湖北、湖南、重庆、云南、新疆维吾尔自治区等地的农村偏远和少数民族地区开展早期教育的宣传、活动指导等。在这个过程中，我真切地感受到教育的不均衡、不公平问题在尚未纳入国家义务教育范畴的早期阶段更为凸显、更值得关注，这个阶段是实现教育公平的奠基性、先决性阶段。正如著名期刊《柳叶刀》上的文章（2011 年 8 月）指出的那样："只有投资儿童早期发展，才可以打破中低收入国家百千万儿童和家庭面临的不平等现象的恶性循环。"在农村偏远地区，很多家长依然持有"小孩子什么也不懂，不需要教育，吃饱穿暖就可以"的传统认识，且不说教育，连喂奶喂食、营养卫生、安全防护、疫苗接种等基本的生活照料知识都匮乏，可想而知，这些孩子日后逐渐拉大的发展差距并不是生来俱有，而是在一天天不充足的营养、不充分的照料、不及时的情感关注、不敏感的回应和互动中拉开的。

种种儿童早期教育的形态和问题，让我觉得迫切需要在人生之初的关键几年中，为孩子和家长做些什么，也就是架构起一座桥梁，最大可能让我们开展的基础研究"接地气"。在这种思路下，我们开展了一系列应用转化工作，包括编写了针对家庭的亲子活动方案，针对早教工作者的培训手册，针对家园沟通的课程方案，等等，并通过开展大范围的区域学前教育评估为教育管理工作者提供政策咨询，为园长和教师提供实践指导。我本人也通过撰写一些早期教育的大众科普文章、在一些公开场合举办讲座等宣传科学的早教理念和方法，指导早期家庭教育开展，并坚持到少数民族、农村偏远地区实地指导早期教育项目的开展。

围绕"儿童早期发展"的系统性工作

经过十几年来的探索，我们围绕"儿童早期发展"逐渐形成了基础研究 – 评估实践 – 干预指导的工作体系，积累了一定的基础研究和实践应用成果。《重塑早期成长环境：助力 0~6 岁儿童心理发展》一书是对我们这些年来工作的系统梳理和呈现。一方面，本书呈现了国际上有关儿童早期发展的新进展、新视角、新成果，也穿插介绍了我们团队多年来结合中国国情和教育实际开展本土化研究的工作。另一方面，本书也立足指导实践，基于科学研究，为早期家庭教育、幼儿园教育、社会教育的开展提供建议和指导。因此，在本书里，无论是"早期成长环境对儿童发展的作用究竟有多大？婴幼儿的大脑发育有怎样的特点？"等前沿科学问题，还是"家庭和幼儿园如何协同开展早期教育？如何科学评估儿童早期发展状况？如何创设良好的早期家庭和社会教育环境？"等现实问题，您都会找到答案。

全书共分为三个部分：第一部分为"早期成长：环境创设与大脑发育"，包含两讲，主要结合脑与行为多个层面的研究前沿，阐述了早期大脑发育以及早期环境与脑发育的相互作用等内容；第二部分为"家庭与幼儿园：0~6 岁孩子成长的重要环境"，包含三讲，主要基于布朗芬·布伦纳的生态系统理论，论述了家庭和幼儿园两个重要环境系统对儿童早期成长的作用，在两个环境系统内，深刻地探讨了物理、文化、心理各层面环境要素的重要含义及其影响作用，以及两大环境系统的相互作用模式，为构建适宜儿童发展的和谐生态环境提供支持；第三部分为"评估与促进：了解孩子、助力成长"，包含两讲，主要介绍了国内外政府与非政府组织或机构以及研究团队围绕儿童早期成长环境和发展开展的科学评估和干预项目，为致力于儿童早期发展评估与促进的研究者、教育工作者等提供方法指导和工具支持。

致谢与期冀

本书由我和我的学生共同完成，全书由我拟定撰写框架、撰写风格与撰写内容。我的研究生参与了本书的编写工作，具体分工如下：

第 1 讲：邹雨晨、张旭然、刘丽君；第 2 讲：丁颖；第 3 讲：刘丽莎、刘丽君、贺晓丽；第 4 讲：徐良苑；第 5 讲：刘璐、徐良苑；第 6 讲：肖雪；第 7 讲：肖雪、袁雯、张旭然、李超群。我对各章内容进行了多轮调整和修改，并对全书进行反复统校，最终定稿。

我们期望本书的出版能够为儿童早期发展的研究者、教育工作者以及家长们提供启发、指导和参考。帮助他们全面认识儿童早期发展规律、科学开展抚养和教育活动，为每一个孩子的健康成长、每一个家庭的和谐幸福，为实现人生之初的教育公平，促进我国未来人口素质的整体提升贡献一份绵薄之力。

　　最后，由于时间及编写组成员水平有限，书中难免存在疏漏或不当之处，敬请读者批评指正，我们也会不断学习和完善，持续推进儿童早期发展的研究和实践工作。

李燕芳

2022 年 1 月

目　录

C O N T E N T S

第一部分
PART ONE

早期成长:

环境创设与大脑发育

第 1 讲

早期发展和早期环境的重要性

与地球上的其他生物一样，人类的一切活动都会受到周围环境的影响。成长环境的优劣制约着一个人发展的速度和方向，并且，随着时间的推移，成长环境在生命发展的各个阶段也发挥着不同的作用。

其中，童年早期（Early Childhood）指的是个体从出生到 6 岁这一阶段，是个体毕生发展的奠基阶段，具有可塑性强、发展不可逆等特点。在早期阶段，个体出现了大脑发育的第一个高峰，其大脑重量可以达到成人的 90% 左右，突触连接的密度加大，强度也逐渐增强。作为个体各项心理行为发展的关键阶段，早期阶段个体所处的环境对其当前乃至终生的身体健康、大脑发育、认知能力、社会情感发展都具有重要意义。

一、早期发展有多重要？

著名学前教育学家蒙台梭利在《人的成长》一书中提到："人类以婴儿的形态来到世间，其成长发育之快，实在是一个奇迹。"儿童的大脑发育和认知发展并不是匀速进行的，在某一段时间里大脑对环境中的一些刺激非常敏感，可塑性也最强，研究者把这个时期称为"敏感期"。在敏感期内，儿童学习某种知识或者发展某种能力会比其他时期更加容易。Knudsen（2004）提出，人类的大部分感觉、知觉以及情绪能力都是在生命早期的

"敏感期"内塑造完成的。比如，人的深度知觉能力依赖早期的双眼视觉经验，形成流畅的语言能力需要在生命早期充分暴露在相应的语言环境中，而与他人建立亲密关系以及应对压力的能力则建立在生命早期与抚养者积极互动的基础上等等。

总之，生命早期是个体大脑发育和认知行为发展最关键的时期，儿童在这一时期的脑发育和心理行为发展的水平为之后的发展起到了奠基作用。正因如此，近年来，儿童早期发展也得到各国政府的高度重视，成为心理学、教育学、发展认知神经科学、经济学等各学科关注的热点。

1. 早期阶段是儿童大脑发育的"关键期"，是大脑可塑性最强的时期

个体出生后，大脑重量迅速增加。儿童刚刚出生时的大脑重量约为成人的 25%，2 岁儿童的大脑重量已达到成人脑重量的 75%，6 岁时达到成人的 90%（Kretschmann, et al., 1986）。0~6 岁出现了个体出生后大脑发育的第一个高峰期，并在 2~3 岁时达到神经系统增殖和修剪的峰值（William et al., 2003，见图 1-1）。

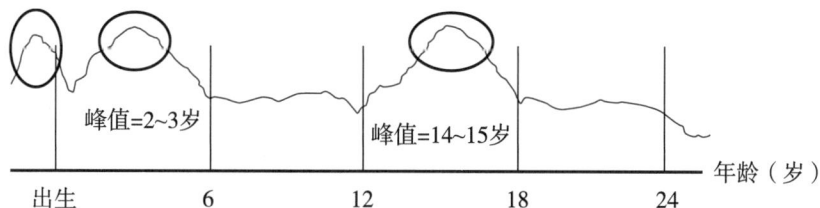

图 1-1 大脑发育的关键期
（William et al., 2003）

除了大脑的重量，突触的修剪和发育规律也支持这一观点。研究发现，

在生命早期，大脑突触快速增长，6 岁以后，则开始对突触进行选择性修剪 ❶（Shore，1997，见图 1-2）。

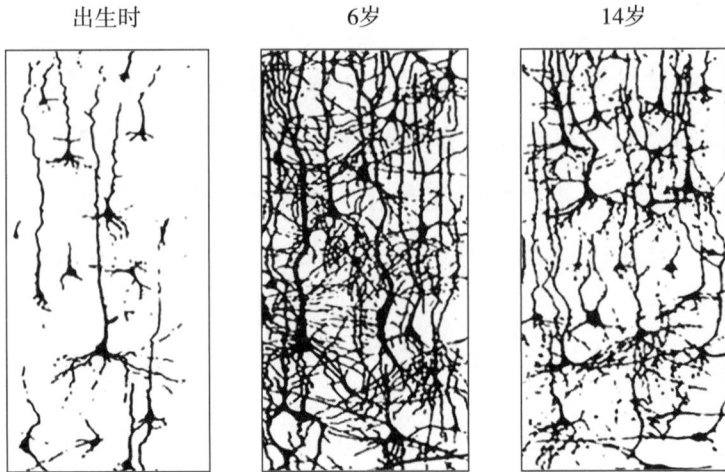

出生时　　　6岁　　　14岁

图 1-2　儿童大脑突触的快速增长和选择性修剪情况
（Shore，1997）

近年来，随着事件相关电位（Event-related Potential，简称 ERP）、功能性磁共振成像（Functional Magnetic Resonance Imaging，简称 fMRI）、功能性近红外成像（Functional Near-infrared Imaging，简称 fNIR）等各种脑成像技术的出现，研究者对幼小儿童的脑发育特点和规律进行了研究，为脑发育关键期的存在提供了客观量化的依据。比如，我国研究者采用 ERP 技术对个体 4~20 岁的大脑发育特点进行研究，发现随着年龄的增长，儿童大脑的自发电位频率逐渐增高，有两个时间段电位频率增高速度显著高于其他时期（刘世熠等，1962）：第一个时间段是在童年早期（6 岁之前），第二个时间段是在青春期初期（14 岁左右）。在这两个时期内，个体大脑

---

❶　从大脑中移除不必要的神经元结构，是大脑维持特定区域功能的一种手段。

发育明显加速，大脑的结构和功能都有一个飞跃式的进展。这一结论与 William 等人的研究共同验证了 6 岁之前和 14 岁左右是个体大脑发育的两个关键期。

大脑发育的"关键期"也是大脑可塑性最强的时期。大脑可塑性（Brain Plasticity）是大脑改变其结构、功能的能力，具体是指在外部环境刺激改变时，或是在大脑的内部本身产生某些缺失时，神经系统产生的调整。哈佛大学研究者 Levitt 指出，在生命的早期阶段，大脑结构随外界刺激发生改变的能力最高，过了这段时期，随着年龄的增长，个体学习新技能需要付出的努力和代价将越来越高（Levitt，2009，见图 1–3）。来自动物样本的研究表明，在大脑发育的"关键期"内接触丰富的刺激会促进大脑结构的变化。有研究者在"关键期"内对幼猫的视觉和幼鸟的听觉进行训练，结果发现，经过训练的幼猫和幼鸟在其大脑视觉和听觉皮层中都长出了新的轴突联结，说明丰富的早期经验可以促进大脑形成新的精细化的轴突联结（De Bello et al.，2001）。还有科学家对幼鸟进行了歌曲记忆实验，结果发现，经过训练的幼鸟大脑中无用突触的淘汰率更高，无用的树突棘（Dendritic Spines）更少，这意味着丰富的早期刺激有利于大脑剔除无用的树突棘（Nixdorf–Bergweiler，et al.，1995）。此外，早期的反复学习经验还有助于突触之间形成细胞粘附分子（Cell Adhesion Molecules，简称 CAMs），使突触之间已经建立的联系更加牢固，从而不易被淘汰（Knudsen，2004）。

除了生物学的证据，还有一些针对特殊个案的研究也证明了在大脑发育的"关键期"内进行刺激和训练的重要性。国外研究者提出儿童语言习得确实存在一个"关键期"，如果个体语言中枢在童年期出现了问题，那么在 5 岁以前，也就是儿童稳固地建立起大脑单侧化以前，是可以得到很好的

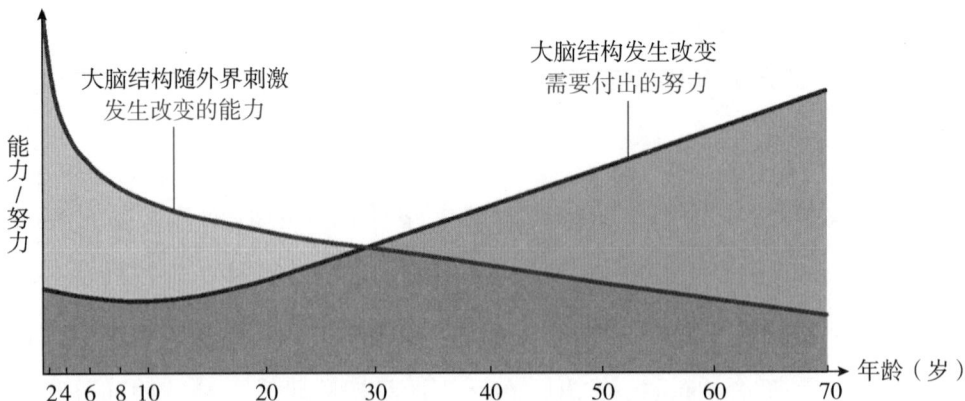

图 1-3　大脑结构变化能力以及发生变化需付出的努力
（C. A. Levitt, 2009）

修复的，但是过了这一时期，儿童的语言功能就很难恢复到正常水平了。1970 年，人们在美国的加利福尼亚州发现了一个 13 岁的"野孩"，科学家给她起名叫 Genie。Genie 从一出生就被父亲隔绝在一个封闭的房间里，从不与人交谈，因此，一直到被发现，Genie 都没有学会讲话。经过医生和心理学家的精心照料和教育，Genie 到 20 岁时已经恢复了一些认知功能。研究者使用雷特国际操作量表（Leiter International Performance Scale, 简称 LIPS）对 Genie 的智力及其他能力进行测验，发现凡是右脑控制的任务（如格式塔测验），她一直保持稳定进步，有些方面甚至已经达到成人水平，但左右脑共同控制的任务（如视觉记忆）却只达到 6~12 岁儿童的水平，由左脑控制的任务（如听觉记忆）则只能停滞在 3 岁儿童的发展水平。因此，研究者提出，语言的习得是大脑半球特殊化的过程，如果在语言发展的关键期，也就是 2~12 岁时受伤，个体的语言功能可以转移到右半球，因为这一时期两个半球还没有完成分工，但如果超过这一时期受伤，个体将会永远失去语言能力。

　　总之，来自脑科学、心理行为科学以及生物科学等多角度的研究共同证明了儿童早期是大脑发育的关键阶段，也是其可塑性最强的时期。在这个时期为儿童提供适应其发展的刺激和训练，将有助于提高其发展效率，得到事半功倍的效果。

2. 早期阶段是儿童各项心理行为发展的敏感期

除了大脑的快速发育外，0~6 岁也是个体心理行为发展的重要阶段，是语言、认知、情感、行为等各方面能力发展的敏感期。比如，0~1 岁是儿童听觉发展的敏感期，2~3 岁是儿童口头语言发展的敏感期，4~5 岁是儿童书面语言发展的敏感期，1~4 岁是儿童秩序发展和数学与逻辑发展的敏感期，4~6 岁是儿童图像识别、形状知觉发展的敏感期等（David，2005），具体能力及其发育的"敏感期"如图 1-4 所示。如果错过这些"敏感期"，将会对个体相应的心理行为发展造成难以弥补的影响。

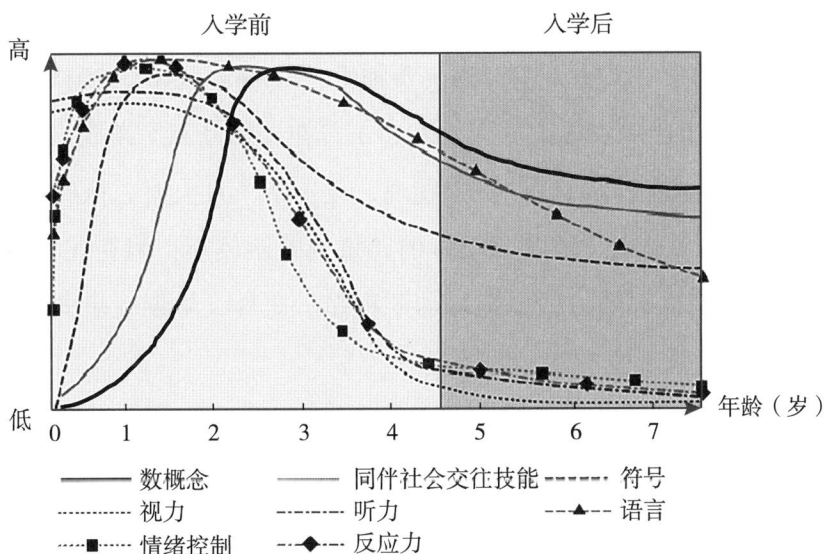

图 1-4 儿童各项能力发育的敏感期
（Council for Early Child Development，2010）
注：图中"符号"指的是儿童将抽象的符号与具体的实物联系起来的能力。

　　早期研究者对初级认知能力（如视觉、听觉等感觉能力）发展的敏感期关注更多，随着认知神经科学的不断发展，研究者也对高级认知能力（如注意、记忆、执行控制力等）发展的敏感期开展研究。研究者发现，高级认知能力发展的敏感期晚于初级认知能力发展的敏感期，并且初级认知能力在敏感期中的发展会影响高级认知能力的发展（Nelson，2007）。已有研究发现，认知能力发展的敏感期与大脑皮层的成熟时间和成熟速度有关，与初级认知能力有关的大脑皮层成熟较早，而与高级认知能力相关的大脑皮层成熟较晚。比如，在所有皮层中成熟最晚的是前额叶皮层，与之对应的执行功能（Executive Function）发展的敏感期出现也较晚，且从儿童期一直持续到青年期（Blakemore & Choudhury，2006）。

　　国外大量有关儿童早期发展的研究发现，出生以后的 24 个月是婴儿发展最敏感的时期，如果婴儿在这一阶段发育迟缓，将严重影响他们以后的认知、执行功能以及学业成就的发展。来自非洲、拉丁美洲国家的研究发现，在贫困家庭里成长的儿童会在 3 岁时出现言语能力和认知能力上的缺陷，这种缺陷会在儿童 5 岁时进一步加大（Schady et al.，2015；Rubio-Codina et al.，2015）。Black 等人（2013）曾在《柳叶刀》期刊上报告了一项孟加拉国儿童的追踪研究，研究发现，儿童 7 个月大时，认知能力最高的 5% 的儿童和认知能力最差的 5% 的儿童的差距较小；但在儿童 63 个月大的时候，他们认知能力的差距增加了很多。此外，早期发展的敏感期在儿童语言能力发展上也有明显的体现。

　　语言学家 Lenneberg 等人在《语言的生物学基础》（*The Biological Foundation of Language*）一书中提出，在人的一生中，早期阶段比其他任何时期都更容易习得语言。语言发展敏感期的证据，一方面来自神经生理学的发现，即认为孩子一出生就具备了语言学习的能力，儿童在 4~12 岁存储到布洛卡区（Broca）、威尔尼克区（Wernicke）等大脑区域的语言信息会被大脑认定为"母语",因而可以被迅速掌握并灵活运用。

一项发表在《自然》(*Nature*)期刊上的研究发现,"晚期"双语者(青春期以后学习第二语言)的大脑激活区域与"早期"双语者(从婴儿时期开始学习第二语言)不同(Kim et al., 1997)。"晚期"双语者的大脑布洛卡区对第一语言和第二语言的激活空间是分离的(见图 1-5a),而"早期"双语者的大脑布洛卡区对第一语言和第二语言的激活空间则是重叠的(见图 1-5b),这表明在语言学习敏感期开始学习第二语言的儿童,其大脑会像加工母语一样加工其他语言。

语言发展敏感期的另一方面证据建立在对一系列语言发展不利儿童的研究上。例如,对脑损伤病人语言能力恢复的研究发现,儿童失语症患者的语言恢复能力要远远高于成年患者;而对语言环境受过剥夺的儿童来说,如果错过沉浸在语言环境的早期阶段,儿童后续的语言发展会出现难以恢复的问题,例如前面提到的 Genie 的例子,经过 5 年的教育和治疗,Genie 始终没有学会语言表达,其语言水平仅相当于一个 21 个月大的婴儿(Curtiss, 1977)。

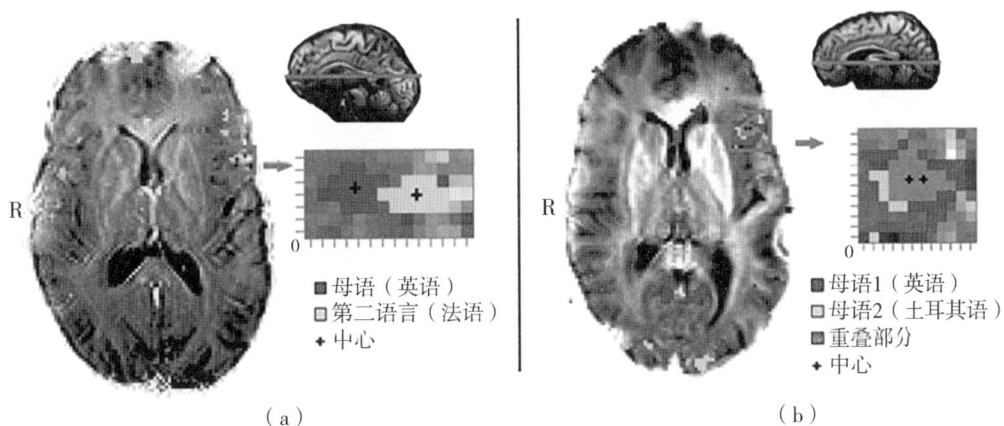

图 1-5 "晚期"双语者(a)和"早期"(b)双语者大脑布洛卡区激活情况
(Kim et al., 1997)

3. 早期教育能够得到最高回报

从经济学的角度来看，童年早期教育是最值得投资的阶段。相比于学龄期教育和成年后的高等教育，在儿童早期阶段投入的教育成本将会在未来得到最高的回报。诺贝尔经济学奖获得者、芝加哥大学经济学系教授赫克曼（Heckman）从经济学的角度对各阶段教育的"投资—回报率"进行了研究并提出，对早期阶段的教育每投资 1 美元，15~18 年后获得的收益是 7.14 美元（见图 1-6）。这项研究还表明，对人类教育的投资越早，收益越大，早期教育的投资与其他阶段相比能够获得最高的回报率。《科学》（Science）期刊的一项追踪研究发现，对 0~5 岁儿童进行认知和社会刺激等方面的干预，能够显著提高其成年后的认知和非认知水平（James et al.,2014）。可见，对儿童进行科学的早期教育，可以使其形成较好的性格、习惯、自控力以及认知能力，从而使他们有一个更好的未来。

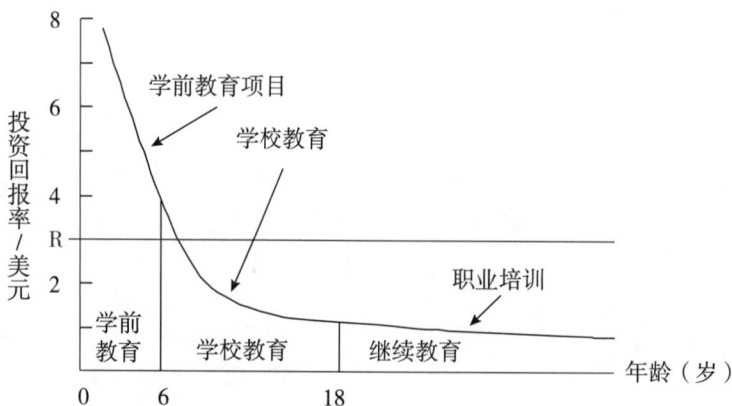

图 1-6　投资回报率与开始投资时年龄的关系
（Heckman，2003）

由于早期教育回报率最高，各个国家尤其是发达国家十分重视对早期教育的投入，包括瑞典在内的许多发达国家对学前教育的投资已经成为 GDP 支出的重要组成部分，如图 1-7 所示。瑞典人口只有 900 万，但科技、经济发展水平一直处于全球前列，这与瑞典一直重视早期教育有关（Bernanke，2007）。作为瑞典社会保障系统的一部分，父母亲任何一方在孩子出生期间都可以请 12 个月假，领取 80% 的工资；父母亲也可以在孩子生病期间留在家中照顾孩子，每年可请 60 天假。前美国联邦储备委员会主席 Ben Bernanke 在 2007 年对企业界的领袖们发表演说时也指出，越来越多的研究表明投资于早期儿童发展具有高回报，不仅可以促进个体后继的学业成绩，还可以降低解决社会问题的代价。除瑞典外，其他很多发达国家也出台了相关政策或项目促进早期教育的发展。例如，美国的开端计划项目（Head Start）、早期儿童纵向研究项目（Early Childhood Longitudinal Study，简称 ECLS）、早期儿童抚养与发展项目（Study of Early Child Care and Youth Development，简称 SECCYD）、英国的有效学前教育项目（The Effective Provision of Pre-school Education Project，简称 EPPE）等。这些项目都着重考察了儿童早期教养经历（包括儿童出生状况、早期抚养经历、学前教育经历、家庭环境特征、父母教养行为等）与其未来认知、学业和社会能力发展之间的关系，并为国家早期教育政策的制定提供了良好的指导。

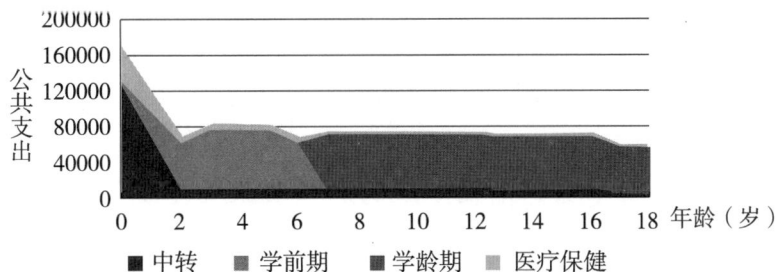

图 1-7　瑞典对各阶段未成年人的公共支出情况（瑞典克朗/年）

（Ben Bernanke，2007）

二、早期成长环境有多重要

环境是围绕着某一事物并影响其生存和形态的所有外界因素的总和，人类生存的环境便是以人作为中心的外部世界，个体的发展很大程度受环境和经验等外界因素的影响与制约。国内外研究者对环境的分类主要以环境要素的差异、空间范围的大小、环境的性质等作为依据。其中，根据环境的不同性质，可以将环境系统划分为物理环境、物质环境和社会心理环境。物理环境是指某一个体周围的天然物理环境和人工物理环境，如污染、自然灾害、辐射环境、电磁环境等；物质环境是指影响某一个体发展的各种物质条件，如社会地位、经济条件等；社会心理环境主要包括政治、经济、文化以及个体周围的社会关系等因素。对于某一个体的成长而言，物理环境、物质环境和社会心理环境三者缺一不可，共同作用于个体发展的整个过程。

早期环境是指个体从胎儿期到进入小学前的成长环境，主要包括孕期母亲提供的环境因素、出生后父母的教养以及接受学前教育的状况等（Van Handel et al., 2007）。早期环境在儿童各方面心理特征的发展甚至终身学习能力的发展中发挥着重要且不可替代的作用。特别是在 0~6 岁阶段，儿童的大脑处于发育最快、可塑性最强的时期，早期环境中的刺激能够使大脑神经细胞之间的联系快速加强，这一时期内适宜的经验和刺激是感觉、运动、语言及其他心理特征良好发育的前提。早期成长环境对个体各方面发展都具有极其重要的作用，不仅会影响儿童当前的发展水平，还可能塑造其未来发展的轨迹，甚至决定着个体终生的发展。

1. 早期家—园环境 ❶ 是儿童成长的重要微观环境系统

布朗芬·布伦纳在 1979 年出版的《人类发展生态学》一书中首次提出

---

❶ 本书中出现的"家 – 园环境"为"家庭 – 幼儿园环境"的简称。

生态系统理论（Ecological System Theory），指出环境因素涉及从宏观系统（Macrosystems，如社会文化、制度）至微观系统（Microsystems，如学校、家庭）的不同层面，如图 1-8 所示。

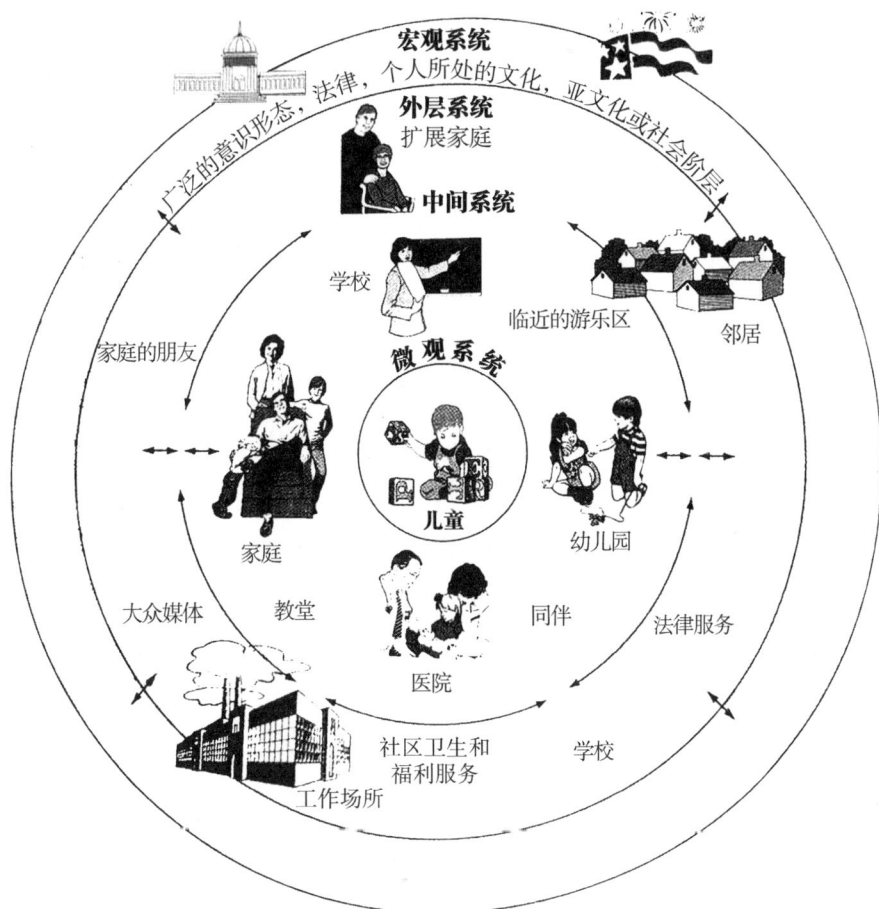

图 1-8 布朗芬·布伦纳提出的生态系统理论
（David，2009）

在布朗芬·布伦纳提出的不同层次的复杂环境系统中，家庭环境、学校环境是儿童在成长中直接接触、体验并与之有紧密联系的环境，是直接影响儿童发展的微观环境系统。其中，家庭是儿童接触的第一个也是最重要的微观系统。家庭环境系统主要由儿童与父母及其他家庭成员组成。家庭背景特征、物质环境、心理环境都对儿童早期心理发展起着重要且各有侧重的作用。学校环境是儿童接触的另一个重要的微观系统，主要由儿童、老师和同学组成。在学校环境中，老师与学生之间的关系、学生与学生之间的关系以及学校物质条件等因素都会影响学生的学习和生活。

对于 0~3 岁的儿童来说，其成长的环境大部分以家庭为核心。家庭环境主要包含家庭物质环境和家庭心理环境。物质环境是指家庭为儿童成长提供的物质条件，如父母的收入等，物质环境决定了儿童在成长过程中享有资源的数量以及接受教育的质量。除了物质环境以外，儿童的行为和心理发展还受家庭心理环境的影响。家庭心理环境是一个复杂的概念，主要包括家庭的关系氛围、父母的教养方式、父母自身的情绪行为特质等，这些因素不是孤立存在的，它们是相互影响、相互制约的，共同影响着儿童的发展。相比物质环境，心理环境的可调控性更大，也可以在一定程度上弥补物质环境的不足。家庭物质环境和心理环境均可对儿童的发展产生重要影响，李燕芳等人研究发现，家庭社会经济地位、父母的受教育水平、父母的压力水平和精神疾病、教养方式和家庭功能（如体罚、父母冲突、婚姻暴力）对儿童的认知和语言能力、学业成绩以及行为问题都有显著的影响（李燕芳等，2014；李燕芳等，2015）。国内一项考察父母元情绪理念（即对自己情绪的理解和反省）、情绪表达与儿童社会能力关系的研究也发现，父亲和母亲的情绪教导对儿童的社会能力具有积极作用，而情绪紊乱具有消极影响；父母的积极情绪表达对儿童的社会情绪能力有促进作用（梁宗保等，2012）。

随着年龄的增长，3 岁以后的儿童开始正式进入幼儿园，这种正式的集体教育环境开始在其生活中占据主导地位。幼儿园环境同样包含物质环境和心理环境。物质环境主要指幼儿园建筑、环境建设、硬件设施等有形部分；心理环境则是指幼儿园各种社会心理因素构成的无形的教育环境，其实质是一个机构的文化氛围，包括总体的氛围、集体规范、人际关系、教师的观念行为、师生互动等。大量有关师生关系的研究发现，早期良好的师生关系会对儿童发展的很多方面产生积极影响（张晓，2008），主要表现为早期安全型的师生关系会让儿童对同伴关系产生乐观态度，使儿童能够对同伴间冲突做出积极反应，从而塑造儿童良好的同伴关系；早期拥有支持性师生关系的儿童比起其他儿童，对幼儿园更加喜爱和满意，在幼儿园中适应得也更好；而且，早期形成的支持性师生关系会通过影响学生进入小学后的学习行为以及对学校活动的参与度，间接对其学习成绩产生积极影响；当儿童在幼儿园拥有"温暖、亲密、开放性"的师生关系时，儿童会在进入小学第一年的社交能力以及学校适应状况等各个方面表现出很高的适应水平（Stuhlman，2004）。李燕芳等人研究发现，幼儿园班级的师生关系氛围能够影响儿童的认知能力和行为发展，在班老师与儿童的关系越亲密，儿童的语言和数学认知能力越好，敌对攻击行为和焦虑恐惧情绪也会越少；相反，老师与儿童间的冲突越多，儿童会有越多的问题行为（李燕芳等，2015）。

家庭环境、幼儿园环境等微观环境系统不是孤立存在的，而是通过相互依赖、相互作用、相互制约共同构成中间系统（mesosystem）来影响儿童的发展。比如，学校环境与家庭环境的相互影响与相互匹配是许多研究关注的主题，研究者也发现了积极的幼儿园环境能够缓冲不良家庭环境对儿童造成的消极影响（Sammons et al.，2008），也有研究发现具有高质量家庭环境的儿童更容易从高质量的幼儿园教育中获益（Anders et al.，2012）。

这些研究反映了学校和幼儿园环境的匹配与积极互动可以共同促进儿童的发展。

除此之外，生态系统理论不仅强调各微观环境系统之间的相互作用，还指出儿童本身与微观环境系统间也存在相互作用，即儿童在受到环境影响的同时，也会对周围环境施加反作用。比如，国内研究者（张晓等，2010）考察了学前儿童的气质特点对师生关系的预测作用，结果发现，儿童刚入园时的气质节律性、活动水平、趋避性对两年后的师生关系有直接的预测作用，而儿童与教师关系质量的好坏又可以反过来影响儿童的气质发展。这说明儿童在接受周围环境影响的同时，也会能动地构建或改变周围环境。

综上，对于 0~6 岁的儿童来说，家庭以及幼儿园环境在其心理行为发展中发挥着非常重要的作用，儿童成长的家庭环境、幼儿园环境及其与抚养者、教育者之间的关系是儿童日常接触最频繁，也是对其影响最直接的微观系统，对儿童当前乃至日后的发展都具有至关重要的影响。

2. 良好的社会心理环境促进儿童早期发展

相对于物理环境和物质环境，社会心理环境具有更强的可改变性，其对人的影响更为持久和深远。因此，在本书中，我们主要关注家庭和幼儿园系统中的社会心理环境因素。人类的行为和心理发展在很大程度上受到以社会关系为单位、文化为媒介的社会心理环境的影响。社会心理环境主要包括政治、经济、文化以及围绕个体周围的社会关系、人际关系等因素。

首先，地区的社会经济发展水平会影响儿童的发展，不同地区的儿童在心理和行为发展上存在着较大差异。《中国儿童发展报告 2017：反贫困与儿童早期发展》的调查结果指出，中国贫困地区学前教育发展水平远远低于城市和其他农村地区，贫困地区 3~5 岁幼儿基本没有接受早期教育的机会，这些贫困农村儿童的语言、认知能力水平与城市在园儿童相差40%~60%。此外，纵向比较的结果显示，随着地区经济的发展，同一地区内的文化教育水平和儿童的发展水平也相应提高，例如，北京地区儿童的数概念和运算能力与 10 年之前的同龄儿童相比有了明显进步。

其次，父母的受教育水平影响儿童的发展。有国内研究者考察了母亲文化水平对小学儿童认知发展的影响，结果发现，母亲文化水平高的儿童的认知能力显著高于母亲文化水平低的儿童。从 6 个月大开始，父母接受过高等教育的婴儿就比父母受教育水平为初中及以下的婴儿的发展商数[1]更高，到婴儿 9 个月大时，这种差距会更加明显（张朝，于宗富，2002）。国外有关研究也表明，中产家庭的儿童从出生第二年就在认知和言语能力上超出低收入家庭的同龄儿童，他们在校的成绩也更好，成年以后的事业也会更加成功（Walker et al.，1994）。相比低收入和低受教育水平的蓝领阶层，收入和受教育水平较高的中产阶级有更多的时间安排自己的工作节奏和个人生活，并且由于工作性质的差异，他们习惯用讨论的方式跟他人交往，在家庭中也会用这样的模式对待家人和教育孩子，其家庭氛围一般比较轻松，儿童也更可能得到健康、全面的发展。

最后，家—园环境中的人际关系、教育活动等微观要素对儿童早期发展也发挥着直接且重要的作用。亲子关系和师幼关系的质量对儿童早期发展具有非常重要的作用。与从小受到养育者关爱和照料的儿童相比，童年期尤其是刚出生 24 个月里缺乏关爱的儿童会对压力更敏感，并且更可能出现问题行为（Bick & Zhu，2015）。幼儿园中的师幼冲突会反向预测儿童对

---

[1]　发展商数：衡量婴幼儿发展的指标，计算方式为：测得的成熟年龄 / 实际年龄 ×100。

幼儿园的喜爱程度和课堂合作行为（Brich & Ladd，1998），师幼冲突水平较高的儿童的亲社会行为更少，攻击行为更多（Pianta & Nimetz，1991）。此外，家庭和幼儿园中的教育活动也会影响儿童的发展。美国一项对 42 个来自不同社会和经济背景的家庭的早期追踪研究发现，父母接受过高等教育且家庭背景较好的孩子，4 岁时累计能听到约 4500 万个单词，而来自领取社会救济家庭的孩子，累计只能听到约 1300 万个单词（Hart & Risley，1995，见图 1-9）。相比较而言，贫困家庭的父母说话更倾向于简短而敷衍；而来自富裕家庭的父母更倾向于与孩子交谈不同的话题，鼓励他们多思考，充分运用自己的记忆力和想象力。

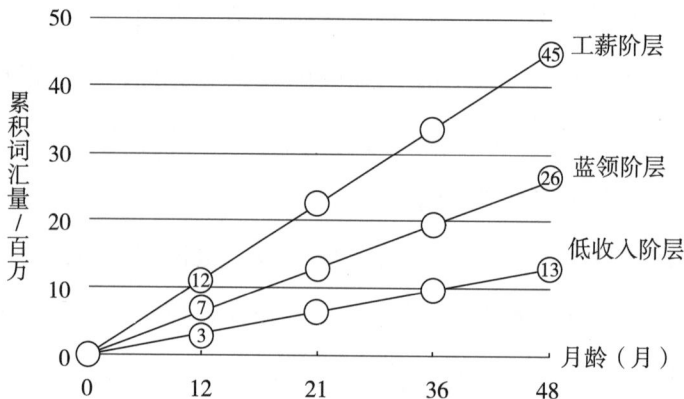

图 1-9　不同类型家庭父母对儿童所说词汇量
（Hart & Risley，1995）

这三组孩子早在 18 个月大的时候就开始出现词汇量上的差异，而到了 3 岁的时候，高收入家庭的孩子比贫困家庭孩子的词汇量高 2~3 倍（Hart & Risley，1995，见图 1-10）。近年来，来自麻省理工学院的学者对亲子交流的频率与儿童言语能力的关系进行了追踪调查，他们再一次证实了

Hart 等人的研究，即经济水平越高的家庭，亲子语言交流越多，儿童的语言技能（包括词汇量、语法以及言语推理）也越好，他们在控制了家庭

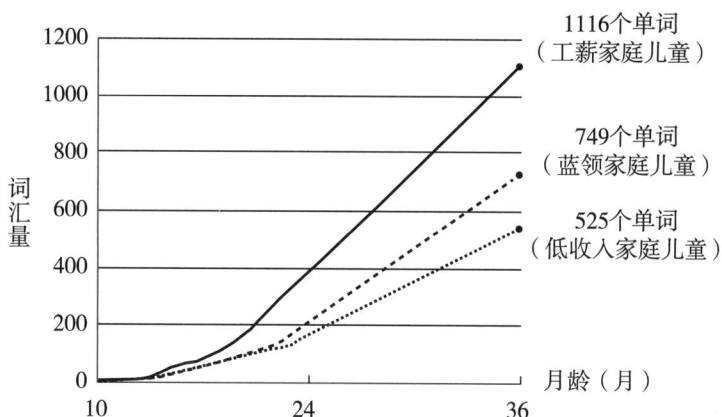

图 1-10　不同类型家庭儿童掌握的词汇量
（Hart & Risley，1995）

的社会经济背景变量后发现，真正影响儿童语言技能的不是家庭的贫富，而是父母与儿童对话往来的次数，那些虽然家庭经济贫困但父母常常和自己聊天的儿童的语言能力和大脑活动也可以达到与富裕家庭儿童相当的水平。

3. 不良的社会心理环境阻碍儿童的早期发展

与积极的教养和互动相反，儿童早期的消极教养经历（如受到忽视和虐待），会对儿童的行为和性格发展造成不可磨灭的消极影响。如图 1-11所示，研究者通过对 442 个来自新西兰的研究对象的调查发现，与没有或很少受过虐待的儿童相比，童年期受过严重虐待的儿童在成年以后表现出更多的反社会行为，并且童年期虐待对拥有 MAOA 基因❶的男性的影响更

---

❶　MAOA 基因（单胺氧化酶 A）：指位于染色体上的单胺氧化酶 A 基因，该基因浓度或活性

加明显。在这 442 个研究对象中，55 名男性在幼年时期受过中等或严重的虐待（也包括在成长过程中经历父母的喜怒无常、强迫性教养和惩罚性教养），同时也具有低活 MAOA 基因，虽然只占到研究总人数的 12%，但他们在成年后（26 岁左右）产生的暴力行为则占所有被研究人群总暴力行为的 44%（Caspi，2002）。还有证据表明，儿童在早期遭受虐待会导致大脑海马和中部矢状体容量减小，而这些区域与学习和记忆功能密切相关（Teicher & Samson，2013）。

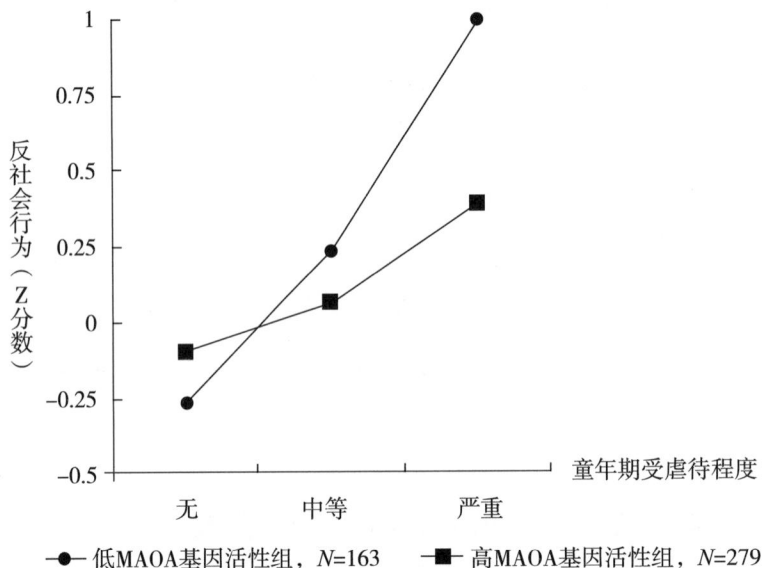

图 1-11　早期成长环境、基因类型和暴力行为的关系
（Caspi，2002）

　　除暴力行为外，父母的不良教养方式也会对儿童产生多方面的消极影响。例如，有研究发现父母专制型教养（指父母对孩子有较多的强制要求，

过低会增加男孩的暴力倾向，但对女孩不会产生影响。

不尊重孩子的想法，给予孩子的慈爱和温暖较少）对幼儿的学习品质有负向预测作用（林朝湉，叶平枝，2020），对儿童的执行功能（即个体对自己想法、行为进行有意识地控制的能力）问题有正向预测作用，进而导致儿童出现更多的退缩、焦虑等社交问题（谢庆斌等，2019）；不良的教养方式还容易引起儿童心理障碍的产生，研究发现父母对孩子的苛求、控制和责备等教养行为与儿童出现抑郁、焦虑、强迫等精神症状有很高的相关性（蒋小娟等，2013）。

此外，家庭物质条件的匮乏作为一种不良的家庭物质环境，会使儿童觉得受挫和不公，从而使其抑郁、焦虑的情绪以及攻击性的倾向和行为比一般儿童更加严重。比如，来自美国收入动态长期追踪研究（Panel Study of Income Dynamics，简称 PSID）项目的结果表明，家庭收入对 3~5 岁儿童的学业技能具有显著的正向预测作用（Belle & Doucet，2003）。除学业成绩外，社会经济地位低下对儿童的社会情绪适应也具有负面影响，研究发现，家庭社会经济地位低的儿童在与同伴交往的过程中会产生更多的消极感受（Robinson et al.，2005），出现抑郁症的风险也更大（Wighter et al.，2006）。此外，社会经济地位还与儿童的问题行为相联系，研究发现，低社会经济地位家庭的儿童出现注意缺陷多动障碍（Attention-deficit Hyperactivity Disorder，简称 ADHD）、品行不良、物质滥用以及反社会行为等问题行为的概率远远大于一般儿童（Qi & Kaiser，2003）。值得注意的是，家庭社会经济地位中的家庭收入等物质因素对儿童早期发展的作用不是决定性的，在儿童两岁前，家庭环境质量等要素可以在很大程度上调节物质因素对儿童造成的影响。比如，有研究发现，儿童两岁以后，由自然发育引起的智商变化大幅减小，但良好的家庭环境给儿童带来的积极作用会一直持续到其 63 个月大的时候（Hamadani & Tofail，2014）。

从全世界范围来说，还有相当一部分儿童在其成长的关键时期得不到良好的照顾与教养。2017 年，《柳叶刀》期刊对有关儿童早期发展的大量研究报告进行了总结，结果显示，全球来自低收入和中低收入国家的接近 2.8 亿的 5 岁以下儿童，没有达到他们应该达到的发展水平，这一数字约占全球 5 岁以下儿童总人数的 43%。促进这些孩子的身体、认知、情绪和社会能力的健康发展不仅对他们自身发展有利，也同样有利于整个社会的发展。我国存在发展风险的 5 岁以下儿童约为 1700 万，总人数全球排名第二，其中城市儿童占 14%，农村儿童占 21%，贫困农村儿童占 30%~50%。可见改善我国贫困地区儿童的早期发展状况依然是一项重要且艰巨的任务。

随着研究技术的进步，越来越多来自神经科学的证据证明了个体早期经历的积极因素和不利因素与大脑发育之间的关系。正是有了这些研究成果，我们才得以了解只有在充分保证儿童的营养、关爱、教育机会并保护他们免受压力、暴力以及疾病威胁的基础上，儿童才可能实现自己的最优发展。

第 2 讲

成长环境与
儿童的大脑发育

在漫长的进化历程中，大脑发育的水平往往决定着物种在进化阶梯上的位置（王惠萍，孙宏伟，2010）。大脑是生物体内结构和功能最为复杂的组织，是接受外界信号、产生感觉、形成意识、进行逻辑思考、发出指令、产生行为的指挥部，它掌管着人类日常所需的言语、思维、感觉、情绪和运动等活动。大脑组织在持续地发生变化，而且这种变化可以看作是经验的函数，即大脑组织随着经验会不断发生改变，特定的环境会改变神经回路的联系，如心理药物（如苯异丙胺）、饮食因素（如维生素和矿物质）、压力以及大脑受损等。本讲主要从早期阶段的大脑发育特点、早期成长环境与大脑发育以及早期教育与大脑发育等方面进行介绍。

一、早期阶段大脑发育的特点

从各个年龄阶段的大脑发育特点来看，婴幼儿期是大脑发育的关键时期。相比于身体其他结构，刚出生的婴儿的脑体积更接近成人脑体积的大小。这一阶段的大脑发育对个体高级认知功能的发展（如智力、执行功能、语言等）、社会性心理和行为的产生与发展以及个体的终身学习和成就发挥着重要作用（Gilmore et al.，2018）。

1.早期阶段大脑结构的发育特点

在儿童青少年阶段，个体心理特征发生着显著变化，大脑神经元也在不断进行突触修剪和髓鞘化（Casey et al., 2000）。综合国内外有关大脑结构发育的研究结果发现，儿童青少年时期的大脑发育呈现出以下趋势：脑总体积在 5 岁后基本保持不变；皮层灰质体积随年龄增长呈倒"U"型趋势，具体表现为，在青春期前随年龄增长而增加，青春期后随年龄增长而减少；而全部白质体积随年龄增长呈线性增加，灰质 / 白质绝对体积的比率随年龄增长线性下降（Giedd et al., 1999）。

大脑体积的增长

在生命的初期，大脑发育非常迅速。出生后儿童的大脑体积增速遵循着先快后慢的原则，随年龄的增加而持续增长。出生后 2~3 周，儿童大脑体积约为成人大脑体积的 35%，1 岁时大脑体积增长了约一倍，2 岁时大脑体积约是成人大脑体积的 75%。出生后不久，大脑灰质和白质的发育呈现出不同的轨迹。相比于白质体积的平稳增加，灰质体积在早期增长迅速。1 岁时，大脑皮层灰质体积比出生时增长 108%~149%，而白质体积大约增长了 11%。2 岁时，大脑皮层灰质体积比 1 岁时增长了 14%~19%，而白质体积大约增长了 19%（Knickmeyer et al., 2008）。造成脑体积增加的原因有很多，其中，突触、神经纤维束、树突和髓鞘化的增长是一个重要的原因。图 2-1 描绘了胎儿发育中细胞繁殖和迁移的发展变化过程，新生儿发育中突触密度在不同脑区中的变化过程，以及髓鞘化形成的过程（Casey et al., 2005）。从图 2-1 可知，胎儿期的神经元发育包括神经管的形成和细胞迁移，3 岁后，突触形成和髓鞘形成是神经元发育的关键方面，突触的形成与经验有关。

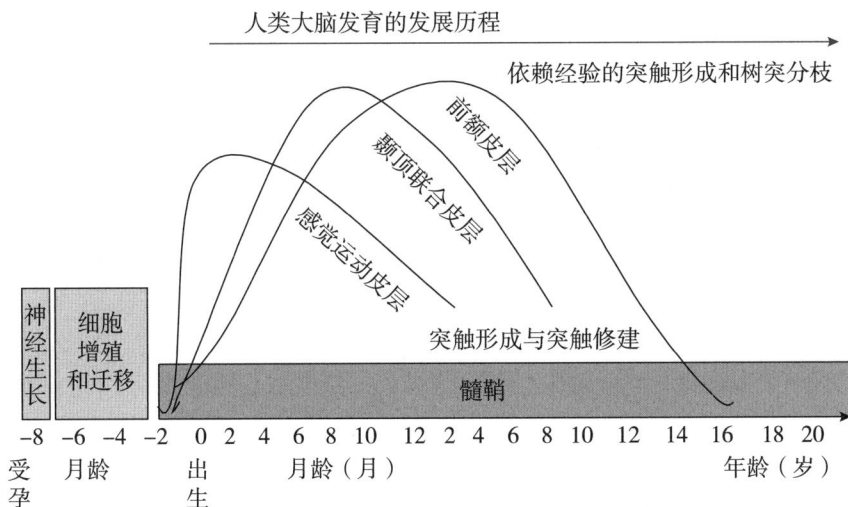

图 2-1 从胎儿期到成年期神经系统细胞的发育特点

（Casey，2005）

突触（synapses）是指神经元之间的细小间隙，由突触前膜、突触后膜和突触间隙构成。脑皮质中突触的生成和发育（synaptogenesis）可能是脑发育动态过程和可塑性的一个重要机制（朱宗涵，2008）。突触的传递效率受神经活动或经验的支配，遵循着"用进废退"的原则。例如，学习过程可以丰富神经细胞间的联系，从而提升众多信息交换和处理的效率，使突触连接选择性地增强。但是，若脑细胞没有被充分地利用，突触连接则会选择性地消失。已有研究表明，突触的发生和增长始于出生前后，不同脑区的突触发生和增长速度有所不同。在 0~2 岁，突触形成的速度飞快，尤其是在大脑皮层的听觉、视觉和语言区域（Huttenlocher et al.，1990）。在 3~4 个月，视觉皮层的突触形成达到一个高速增长期，在 4~12 个月，突触密度达到最高，可达到成人的 150%。然而，额叶的发展是最为缓慢的，在 7~9 岁，树突棘密度达到最大（Petanjek et al.，2011）。

神经纤维髓鞘化是指在胎儿后期和婴儿早期，大量神经元和神经纤维迅速被一层蜡质的磷脂覆盖的过程，它的作用在于使神经冲动沿着一定的通道迅速而准确地高效传导。因此，它也是大脑内部结构成熟的主要标志。在 1.5 岁左右，婴儿的神经纤维髓鞘化速度非常快，大脑已经达到了成熟水平，之后在整个儿童期和青少年期，脑发展的速度减缓（Su et al.，2008）。并且，不同脑区髓鞘化的先后时间不同，具体而言，出生后较早完成髓鞘化的是感觉神经，其次是运动神经，最后是控制情绪和组织思维的神经纤维，这也是婴儿动作发展落后于感觉发展的主要原因（王惠萍，孙宏伟，2010）。Sowell 等人（2003）发现，个体基本感知觉功能对应的大脑皮层在个体发展的早期就开始出现髓鞘化，但是，与语言有关的大脑皮层开始髓鞘化的时间则相对较晚。Tanner（1990）发现，网状结构和前额叶皮层在个体青春期到来时还未完全髓鞘化。这可能是儿童在感知觉能力达到成人水平的同时，一些高级认知能力仍低于成人水平的原因之一。

大脑皮层的发育顺序

大脑皮层（Cerebral Cortex）是大脑中最大、最为复杂的结构，占大脑总重量的 85%，是人类智力活动的基础，它对环境的敏感期比大脑的其他部分都更长。比如，Sowell 等人（2003）绘制了 176 名健康被试各脑区皮层灰质密度随年龄的变化图，结果发现，从 7~60 岁，个体脑区灰质密度发生了明显变化，尤其是外侧和大脑两半球之间的背侧额叶和顶叶皮层联合区。许多研究结果都表明，不同认知能力的发展顺序与其对应的大脑皮层发育成熟的顺序具有一致性。图 2-2 中呈现的是大脑四个脑区的划分，它们分别是额叶（Frontal Lobe）、顶叶（Parietal Lobe）、枕叶（Occipital Lobe）和颞叶（Temporal Lobe）。其中，额叶主要负责抽象思维、计划、决策等心理功能，顶叶主要是初级感觉中枢、高级感觉联络区以及空间知觉的形成区，枕叶与视觉能力有关，颞叶的活动主要涉及听觉和语言能力等。

Gogtay 等人（2004）对个体认知能力发展与皮层发育成熟的关系进行了分析，他们采用 fMRI 技术对 13 名年龄在 4~21 岁个体的皮层发育进行了长达 8~10 年的追踪研究。结果发现，与基本生活技能（比如感觉、运动）相关的脑区（感觉和运动皮层）最早成熟，然后成熟的是与空间导向、语言发展和注意相关的颞顶叶联合皮层，最后才是与执行功能、注意以及协调动作相关的前额叶和外侧颞叶皮层。❶这些研究表明，个体认知能力发展与其对应大脑结构的发育成熟确实存在先后顺序的一致性，与感觉、知觉等基本生活技能相关的脑区发育成熟较早，而与决策、推理等高级认知活动相关的脑区发育成熟较晚（李艳玮，李燕芳，2010）。

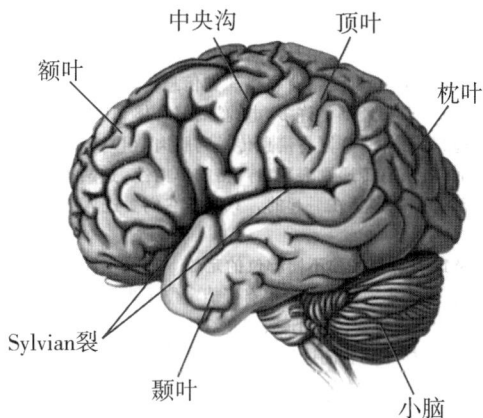

图 2-2　大脑各脑区划分示意图
（Bear et al.，2004）

---

❶　并不是单一脑区完全成熟后其他脑区才开始发育，研究表明前额叶中与味觉和嗅觉加工相关的脑区以及枕叶中与主要视觉功能相关的脑区也很早成熟。

人脑是一个高度复杂的网络系统。对成人的研究表明，全脑功能联接网络具有高效的分离局部信息和整合全局信息的能力（Cao et al.，2017）。但是，人脑功能联接网络的早期发育模式尚不清楚。为回答这一问题，最近十年，研究者们正在通过分析胎儿或早产婴儿的静息态脑功能成像数据，探索脑特定功能神经环路的发育模式（Di Martino et al.，2014）。例如，Cao 等人（2017）发现，婴儿全脑功能主要分布在初级感觉、运动、听觉和视觉区，高级默认网络和执行控制区域发展较少。这表明，为保障出生后的生存，婴儿的初级功能神经环路迅速发育。

2. 早期阶段大脑功能的发育特点

大脑结构与其功能是联系在一起的，结构是功能的基础，功能是结构的体现。随着年龄的增长，认知能力对应的关键脑区逐渐专门化，与其发展密切相关的脑区激活增强，而与其发展无关的脑区激活减弱（李艳玮，李燕芳，2010）。

大脑功能的特异化

探讨某一大脑皮层分区与特定认知功能的关系一直是认知神经学家的研究兴趣所在。已有研究发现，随着年龄的增长，与儿童早期认知能力关系密切的脑区活动增强，而与儿童早期认知能力关系较小的脑区活动减弱，即在儿童早期就已经出现了认知能力对应脑区逐渐特异化的现象。与大脑的其他区域相比，前额叶皮层在出生后表现出更为漫长的发育过程，可观测到的大脑变化一直持续到青少年期（Huttenlocher，1990）。前额叶皮层是儿童时期大脑皮层中与认知能力发展最为密切的部分。有研究者认为，前额叶皮层的结构发育成熟出现在一个特定的年龄，为相应认知能力的发展提供了生物学基础。

然而，最近有研究者对这一基本观点进行了修正，认为前额叶由许多区域组成，每个区域发挥着不同的功能，具有不同的成熟速度。例如，Moriguchi 和 Hiraki（2011）的研究发现，儿童认知转换能力对应的关键脑区在儿童 3~4 岁这段时间里表现出明显的发展变化。借助近红外光谱脑功能成像（Functional Near-infrared Spectroscopy，简称 fNIRS）技术，通过横向和纵向研究设计，研究者对儿童早期认知能力对应的前额叶不同区域及这些区域的激活模式进行了探讨。研究发现，随着年龄的增长和认知水平的提高，与儿童早期认知能力关系密切的前额叶区域活动增强，而与儿童早期认知能力关系较小的前额叶区域活动减弱，即在儿童早期，前额叶脑区逐渐出现特异化的现象。例如，Tsujii 等人（2009）采用视觉工作记忆任务对 5~7 岁儿童前额叶功能的发展进行追踪研究，结果发现被试 7 岁时的整体认知表现明显比 5 岁时更好，被试在 5 岁和 7 岁时均激活两侧前额叶，但 7 岁儿童的与早期认知相关较小的前额叶脑区活动显著弱于 5 岁儿童，与早期认知相关密切的前额叶脑区活动显著强于 5 岁儿童。

大脑功能的单侧化

大脑的两个半球对于个体来说具有相同程度的重要性，大脑的左半球帮助我们进行逻辑分析和使用语言，而右半球则负责处理视觉—空间任务，但它们的分工并不绝对，有时也会相互补偿，只有当它们都正常"工作"时，个体才能正确地感知这个世界和自己的思想。

大脑功能的单侧化（lateralization）是指在大脑的某个半球建立特定功能的过程。人类大脑的左右两半球在功能上存在差异。FMRI 的研究揭示，左半球擅长对信息进行有序的、分析式的（逐步的）加工，它的优势功能是处理交流信息，包括口头信息（语言）和情绪信息（愉快的笑容）。相反，右半球专门对信息做整体、综合的加工，它有利于加工空间信息，调节消极情绪。由于左半球与语言有关，因此，对于大多数成人来说，左半球是个体的优势半球（李寿欣，1991）。然而，大脑单侧化的规律只是针对大多数人而言，人群中有 3%~5% 的个体，他们的语言中枢在右半球，因此他们的优势半球也在右半球。已有研究表明，大脑功能单侧化的不同会影响儿童和青少年的个性和学习偏好。比如，由于右脑负责对发散性认知进行加工，优势半球在右半球的儿童有更好的创造性思维。因此，了解儿童脑功能单侧化的个体差异对儿童教育而言是非常重要的。

大脑是从什么时候开始单侧化的呢？目前，关于这一问题的回答存在着不同的观点。有研究者认为，儿童大脑单侧化在胎儿或婴儿刚出生时就明显表现出来。De Kovel 等人（2017）发现，广泛的动作和认知发展的单侧化在子宫内就已经开始。但是，也有研究者认为婴儿大脑单侧化是一个在婴儿出生后发生的渐进的过程。脑成像研究发现，成年人的右脑对面孔选择加工的能力比左脑更强，左脑对词语选择加工的能力比右脑更强。有研究者对这一大脑单侧化发育的过程进行了考察，结果发现，成人在面孔和词语辨别上表现出预期的大脑单侧化，但青少年和儿童只在词语辨别上表现出大脑单侧化，在面孔辨别上并没有表现出这一趋势。面孔辨别的单侧化程度与阅读能力存在相关性，这些发现表明，面孔辨别和文字辨别的大脑单侧化并不是同时出现的，也不是独立发展的。出现较早的文字辨别的单侧化可能会促进较晚出现的面孔辨别的单侧化（Dundas et al.，2014）。因此，目前研究者普遍认为，虽然婴儿出生时就存在着一定程度上的大脑单侧化倾向，但这种倾向仅仅说明了婴儿大脑两半球在功能上可能存在着某种程度的差异，随着儿童年龄的增长和大脑的逐渐发育，最终出现了大脑两半球在质上的单侧化。

3.早期阶段大脑结构和功能的可塑性

儿童发展的关键期是大脑可塑性最强的时期。大脑可塑性是指大脑改变结构和功能的能力（Kolb & Whishaw，1998），是中枢神经系统的一种内在属性（Wan & Schlaug，2010）。Johnson（2005）认为，可塑性是发展的固有属性。但是，可塑性存在着敏感期，即特定能力的快速发展将会在生命的某一阶段出现（Baltes et al.，2006）。因此，理解某种认知能力发展的关键期对弥补先天或是早期的功能损伤有着极其重要的作用，这一时期的练习和训练可以改变关键期的大脑皮层厚度等大脑结构，即在关键期内，大脑结构的可塑性较强。音乐训练的实验研究为大脑结构可塑性变化提供了证据。Hyde 等人（2009）对 15 名 6 岁儿童进行了 15 个月的音乐训练，结果发现，接受音乐训练的儿童在与音乐相关的脑区（如初级运动脑区、右侧初级听觉脑区）上与未接受音乐训练的儿童相比存在差异。除了大脑结构上的可塑性外，fMRI 结果表明练习和训练还可以促使关键期的大脑活动模式发生变化。比如，Koelsc 等人（2005）的研究发现，音乐训练与儿童额叶岛盖和颞上回前部的脑区激活增强相关，即接受音乐训练的时间越长，对应额叶岛盖和颞上回前部的脑区激活越强。

那么，如何针对儿童发展的关键期开展适宜的教育呢？大量研究表明，比起揠苗助长、超前学习，在每个关键期内充分发展对儿童一生成长更具积极意义。

首先，6 岁前和青春期（14~15 岁）是儿童大脑发育的两个高峰期，这两个阶段是儿童认知能力发展最重要的时期。因此，教育工作者需要重视这两个阶段，重点培养儿童的认知能力，从而达到事半功倍的效果。

其次，由于不同认知能力发展的关键期是不一样的，儿童学习不同知识或发展不同认知能力的最佳时期也不同。父母和教育工作者应该针对不同的关键期有不同的教育侧重点。以语言发展为例，语言习得的神经网络在出生之前就已经完全形成，早在妊娠 24 周时，胎儿就能够感知声音并做出反应，在妊娠 35 周时，胎儿在子宫内开始学习语言，这表明新生婴儿的大脑已经做好了学习语言的准备（Perani et al.，2011）。2~3 岁是儿童口头语言发展的关键期，这时父母应该尽可能多地与儿童对话，培养儿童的听、说能力；4~5 岁是儿童书面语言发展的关键期，父母和教师应该对儿童的用语进行规范，并开始教儿童识字、写字；3~10 岁是儿童第二语言学习的关键期，这段时间儿童受到母语的干扰比较少，父母和教师可以开始为儿童提供学习第二语言的机会。

总之，父母和教师应该利用好关键期对儿童进行有针对性的早期教育，这样才能使儿童的潜能得以充分发展，不会因为教育不当使其能力达不到应有水平，甚至导致发育迟滞。

另外，大脑的可塑性对早期的功能损伤有着怎样的影响呢？有研究者认为这既取决于儿童的年龄，即年龄小的儿童脑功能的恢复更好些，又取决于脑损伤在大脑的双侧还是单侧。Goodman（1991）提出，在出生前和婴儿早期阶段，大脑的可塑性是非常大的，大脑神经细胞的重新组织能力比较强，即使大脑双侧都受损，也可以得到很好的康复。在童年期到青春期阶段，从单侧半球的损伤中恢复的可能性仍然比较高，因为脑功能从一侧半球转移到另一侧半球是有可能的，但是双侧的损害却很难再恢复。

4．早期阶段男孩和女孩大脑发育的差异

男孩和女孩从小就会表现出很多差异，比如，男孩擅长数学和空间能力，女孩擅长语言，也有更好的社交能力。男孩更多地参与一些吵闹的游

戏，而女生则更喜欢一些安静的"过家家"游戏。[1]那么，是什么造成了男孩和女孩认知和行为发展的差异呢？这就需要从大脑结构和功能的性别差异进行探讨。

首先，大脑结构上的性别差异可能是造成男女孩认知特点和能力差异的一个原因。大量有关成人和儿童的脑成像研究均发现，男性大脑体积比女性大 9%~12%，并且这些差异不受儿童和成人身高的影响（Witelson et al.，2006）。另外，Guo 等人（2008）在对儿童青少年大脑结构差异进行的研究中发现，男女生大脑灰质体积也存在差异，在涉及空间加工能力的脑区，男生灰质体积大于女生；在涉及言语加工能力的脑区，女生灰质体积大于男生，这可能与男生空间加工能力强、女生言语加工能力强有关。对 8~15 岁儿童的研究发现，女孩的双侧海马和左侧纹状体要大于男孩（Neufang et al.，2009），男孩的视觉皮层更厚（Amunts et al.，2007），而与语言有关的区域如颞上回和布洛卡区，女孩的脑皮层都要更厚（Harasty et al.，1997）。

其次，大脑发育的性别差异还体现在大脑功能单侧化的差异上。Harris（1980）认为相比于女性，男性大脑更多地表现出单侧化。双耳分听实验结果支持了这一发现，在听到语音刺激时，男性表现出明显的右耳优势，而女性两耳的成绩一样。根据这种右耳优势，研究者推测在语音加工方面，男性比女性单侧化明显（Lake & Bryden，1976）。采用脑成像技术的研究也有类似的发现，Shaywitz 等人（1995）采用 fMRI 对 38 名右利手的被试在语音任务中的大脑活动进行扫描发现，男性存在明显的左侧额下回偏侧化，而女性则双侧额下回都有参与活动。

---

[1] 以上情况为大多数，非具体个例。

此外，男女孩的大脑发育速度也存在着差异。美国国家心理卫生研究所（National Institute of Mental Health，简称 NIMH）的研究者对 387 名 3~27 岁男性和女性的大脑发育轨迹进行研究发现，儿童的大脑体积发展呈现出倒"U"型曲线，并且存在着显著的性别差异。男孩大脑的总体积在 14.5 岁左右达到峰值，而女孩则发育得更快，大约 10.5 岁就可以达到峰值（Lenroot et al.，2007）。除大脑总体积外，无论是灰质、白质纤维的发展，还是相关脑区灰质、白质的分布，都存在着性别差异（Clayden，2011）。研究发现，灰质也呈现出倒"U"型曲线的发育趋势，女孩的灰质发育达到峰值的年龄要早于男孩（Lenroot et al.，2007）。比如，有研究对 13 岁儿童的海马体容量与成人进行比较，发现男孩与成年男性有显著差异，而女孩与成年女性没有显著差异，说明女孩的海马体成熟要早于男孩（Uematsu et al.，2012）。与此同时，相关研究指出，女孩的心理成熟评价量表分数高于同年龄段男孩的分数，这可能与这些脑区发展的性别差异有关。

针对早期大脑发育存在的性别差异，我们该如何更科学地对不同性别儿童开展教育呢？由于男女儿童的大脑和行为发展存在着差异，因此，男生和女生的认知发展和学习方式也存在着很大差别。孙云晓等人（2010）在《拯救男孩》一书中详细地解释了男孩的"教育危机"现象，通过阐述男女孩在生理发育、大脑发育、心理发育和学习方式上的差异，揭示应试教育对女孩更有利的可能原因。例如，女孩的写作、发音、计算和阅读能力比男生发展早一年左右，在整个小学阶段，男孩的发展普遍落后于女孩。此外，我国的学校教育也多以室内阅读和写作技能学习为主，与女生的认知发展模式更加契合，不利于男孩以发展动作和空间探索为主的需求，这也是在成人看来，女孩更加乖巧而男孩则调皮捣乱的原因。因此，教育工作者们应该重视认知发展中的性别差异，了解男孩和女孩有不同的发育速度、成熟程度，从而表现出不同的学习风格和需求，与家庭教育协同起来，尽可能为男女孩提供适合其大脑和心理发展特点的活动内容和学习机会，比如为男孩提供更多的动手实践、身体参与的体验式学习机会，合理对待男女孩学习过程和心理发展的差异，使男孩和女孩都能体验到更加适宜的教育活动。

二、早期丰富环境促进大脑发育

"近朱者赤，近墨者黑"，早期成长环境对个体外在行为和内在品行的形成具有重要影响，那么早期成长环境是否也会对儿童的脑发育产生影响呢？目前，大量有关早期儿童的脑成像研究发现，个体脑的结构和功能发展不仅受基因等内在因素的调控，而且在很大程度上受环境和经验等外界因素的影响与制约（Gilmore et al.，2018）。儿童所处的环境是指个体体外一切能影响其身心发展的因素，它包括胎儿期子宫内及出生后的物质生活环境（如营养）、物理生活环境（如化学物质）以及家庭和学校的教养环境（如人际关系）等。已有研究表明，早期环境和经验可影响大脑结构的发育和功能的发展以及个体心理行为的发展（Inguaggiato et al.，2017）。丰富的环境与经验会促进大脑发育和心理行为的发展，反之，不良环境与经验会阻碍甚至损害儿童大脑的发育。

有研究表明，在个体的早期发展中，大脑神经元的发展会出现"用进废退"的现象，即受到环境输入刺激的神经元能继续不断地发育出新的突触，而没有受到刺激影响的神经元会消亡。接下来，我们将对环境和经验与大脑发育以及行为发展的关系展开探讨。

1．丰富的感官刺激与大脑发育

1947 年，Hebb 首次提出丰富的环境刺激可促进脑功能的发展。在儿童的早期发展中，丰富环境刺激主要包括了较多的感官刺激和社会交往以及较好的学习机会。大量来自动物习性学的研究表明，早期环境对脑发育和长远行为发展有深刻影响，早期丰富环境对长期的学习记忆能力、性格特征、情绪均可产生积极影响（Stichel & Muller，1998；Kim et al.）。

有关环境对大脑发育影响的研究最早聚焦于环境和经验对视觉系统发育的影响。来自动物的研究表明，在猫的视觉系统发育过程中，提供大量视觉经验的信息可强化其视觉系统的神经联系。

丰富环境刺激可使动物的大脑皮层重量、厚度增加，减少神经细胞的死亡。出生后暴露于丰富环境，给予个体多种感觉刺激可使运动皮层和视觉皮层树突长度增加，树突分枝增多（Pascual & Figueroa，1996）❶。

来自人类的研究结果发现，丰富环境对儿童大脑发育同样起着重要的作用。例如，McLaughlin 等人（2012）采用脑电图对 136 名福利院儿童和 72 名对照组儿童的额叶脑区的发育进行考察，结果发现，相比于对照组儿童，福利院儿童在更晚的年龄阶段才会表现出右半球的额叶激活水平增加。

2. 和谐的人际互动与大脑发育

在社会交往中，亲子互动和同伴交往是儿童早期最重要的两种形式。亲子互动是指父母和子女间的交往和影响，这种互动既包括心理相互作用也包括行为的相互影响。良好的亲子互动能促进儿童认知能力的发展。Hale 等人（1992）的研究发现，亲子共读过程中的交往质量会极大影响儿童语言发展的水平，并且，对儿童的自我效能感也会产生一定程度上的影响。另外，良好的亲子互动能改善儿童的问题行为。例如，Vinall 等人

---

❶ 在出生后的前几年，轴突、树突和突触快速发展，这使神经元与神经元之间的联系增强，并且它对由疾病、损伤或负性经历而造成的脑损伤有补偿的功能（Mychasiuk et al.，2012）。

（2013）的结果表明，良性的亲子互动和较低的父母压力能缓解早产儿对压力敏感行为的易感率。

大量来自动物研究的结果表明，早期的养育行为会通过影响后代下丘脑—垂体—肾上腺（HPA）轴对压力的反应从而改变正在发育的大脑的结构和功能。

目前，越来越多的研究开始探讨父母养育方式与子女的大脑结构的关系。然而，关于积极父母教养方式对儿童大脑发育影响的研究结果并不一致（Blankenship et al.，2018）。Whittle 等人（2017）的研究结果显示，积极的父母教养方式可以改善由于家庭不利条件（如较低的家庭社会经济地位）带来的杏仁核发育异常。根据最佳教养理论，父母的过度保护会阻碍父母养育对后代健康成长的积极影响。因此，研究者将父母过度保护这一影响因素纳入考虑后发现，当父母的过度保护水平较低时，儿童期的亲代抚养与成年期的海马脑区的体积之间呈正相关（Wang et al.，2017）。

儿童在学校环境中与同伴的社会交往要比与成人的交往更多，同伴间的互动对儿童的发展有着极其重要的作用。良好的同伴关系对儿童认知能力的发展、社会技能的提高有着促进作用。有研究发现，相比于单独解决问题的情况，个体在与其他儿童一起解决问题时学到的东西更多（Fleming & Alexander，2001）。另外，同伴关系在社会能力发展中也起着重要的作用。有研究者发现，儿童与同伴间的积极交往能促进个体心理理论能力的发展（Brown et al.，1996）。此外，有研究发现，当青少年做出捐赠行为并收到同伴的评价反馈时，他们涉及社会认知的脑区神经激活水平更高（Van Hoorn et al.，2016）。

三、早期不良环境损害大脑发育

早期阶段儿童的大脑处于快速发育期，尚未成熟同时又具有极高的可塑性，对外界环境刺激非常敏感，也因此增加了其对有害经验的"易损性"，导致发育异常和行为问题（Whitfield et al., 1997）。Greenough 等人于 1987 年提出了两类与经验相关的脑发育。一类是"经验—预期"（Experience-Expectant）的脑发育，即由物种共有的环境因素引发的脑发育；另一类是"经验—依赖"（Experience-Dependent）的脑发育，即由个体与其所特有的环境间的相互作用而引发的脑发育。例如，一项通过动物模型探讨环境与经验对脑发育与行为影响的研究发现，早期隔离环境可导致大鼠海马 CA3 区及额叶皮质区的脑源性神经营养因子（Brain-Derived Neurotrophic Factor，简称 BDNF）及其酪氨酸激酶受体表达降低、神经细胞受损、神经元数量减少，并且大鼠在成年后学习记忆能力表现出明显落后（陈金兰，陈燕惠，2012）。这一结果提示，早期环境可能通过影响个体脑发育，进而影响其认知功能的发展。

1. 不良的物理环境损害大脑发育

在自然界和日常生活中普遍存在着一些不良环境因素，如电离辐射、化学物质、母亲孕期服用上瘾物质及药物等。胎儿或儿童如果长期暴露于这种环境下，其神经元或神经回路就会受到损害，并且脑结构和脑功能也会受到损伤。

自然环境中的有害物质包括化学物质以及物理物质，如电离辐射、重金属、铅、有机磷酸酯类等。1990 年，一项国际调查研究收集了 30 例被确诊为严重脑力退化的患者，发现其中有 19 例是在受孕的第 8~15 周接受了辐射。同样，胎儿或儿童暴露于重金属条件下也会造成大脑发育异常。

有研究者发现，重金属会扰乱神经元，干扰神经元之间的信息传递，或阻碍神经元之间突触的形成，从而损害大脑的正常发育（Klaassen，1996）。

另外，母亲在怀孕期间服用有害物质（如上瘾物质、药物）也会损害脑的正常发育。例如，母亲在怀孕期间吸烟或摄入尼古丁可能会造成胎儿在青春期时患肥胖症，并且相比于正常儿童，这类儿童奖赏回路中的杏仁核脑区体积偏小（Haghighi et al.，2013）。

遗传赋予儿童发展的潜力，环境与养育起到催化塑造作用。家庭是个体出生后最先接触的环境，在众多家庭环境因素中，家庭的社会经济地位始终是一个被持续关注的重要变量。大量采用功能性核磁、弥散张量成像、电生理技术的研究均发现，低家庭社会经济地位的儿童与高家庭社会经济地位的儿童在注意任务中的大脑激活水平存在差异。这些研究结果为促进更公平的教育环境、提供更有效的学前教育干预措施提供了神经生物学证据。

2. 不良的教养环境阻碍大脑发育

在儿童早期发展过程中，恶劣的家庭教养环境不仅包括物质上的匮乏，还包括情感上的忽视以及抚养者的一些消极情感因素（如母亲产后抑郁等）。由于儿童阶段的大脑可塑性较强，这一阶段极端的反复或慢性压力对儿童的大脑发育也会造成不良影响。

动物研究表明，当个体处于压力状态下，它们的各种功能就会受损，即个体在应激条件下会分泌皮质醇（用以缓解压力的物质）和其他激素，而这一过程可能会对大脑发育产生消极影响（Cirulli et al.，2009）。例如，Lupien 等人（1998）发现，个体皮质醇水平长时间过高会导致海马体积减小，并且减小的比例与皮质醇水平的高低以及异常的持续时间有关。此外，有研究者还发现，当个体在发展关键期中承受极大的压力时，压力对大脑结构和神经回路造成的伤害会一直持续到成年期（Linkenhoker et al.，2005）。

同样，人类研究显示，儿童在成长早期长时间处于压力之下，类似于环境性毒素阻碍中枢系统的发展，对脑结构和功能带来一系列长期的不利影响，也会增加对疾病的易感性（McEwen，2003）。

忽视和贫乏的教养是处于不利环境下的儿童较容易遇到的一个威胁。母爱的剥夺和缺失会对儿童造成消极的影响。早期忽视型教养方式会改变大脑结构，有研究发现，相比于正常儿童，被母亲关注较少的 3 岁儿童的大脑体积更小（Perry，1997）。相比于正常儿童，受忽视儿童的大脑存在脑室增大、皮层萎缩的现象（Perry et al.，2002）。De bellis 等人（2002）的研究发现，那些有虐待历史和 PTSD（创伤后应激障碍）的儿童最显著的特征就是胼胝体（连接大脑左右半球的结构）减小。他们对有关虐待和忽视儿童的脑成像研究进行了综述，认为早期忽视的教养方式带来的消极影响与虐待并无差异，被抚养人忽视的儿童的杏仁核体积会增加。一项针对 PTSD 患儿的前瞻性研究表明，创伤性压力引起的海马受损与后期的海马变小是有关联的（Carrion et al.，2007）。

忽视型教养也会导致大脑功能的改变。Dawson 等人（1992）发现，母亲抑郁会造成儿童双侧前额叶活动水平减少 40%。Wiggins 等人（2017）选取 46 名年龄范围为 5~9 岁的儿童，在他们执行金钱奖赏延迟任务的同时，对他们的脑活动进行 fMRI 扫描，结果发现，相比于无抑郁父母的儿童，有抑郁父母的儿童不能根据奖赏任务条件的不同灵活、合适地调节他们的神经活动。

3．早期经验剥夺对大脑发育的危害

首先，剥夺经验的起始时间决定了伤害的不可逆性。对动物的研究证实，早期的极端感觉剥夺会导致永久性的大脑损伤和功能丧失，这一结果也进一步证实了脑发育存在敏感期（Sale et al.，2008）。出生前的胎儿期，尤其是前 3 个月的大脑受到损伤，对个体发展而言是不可逆的。孕期第三周到第五周是头部和中枢神经系统容易产生缺陷的最关键时期（Moore & Persaud，1993）。

其次，剥夺经验的持续时间决定了对大脑的伤害程度和恢复周期。一项动物学研究考察了黑暗环境对 16 个月大的黑猩猩的影响，结果发现，黑暗环境会造成黑猩猩视网膜和视神经元的萎缩；如果持续时间不超过 7 个月，黑猩猩视网膜和视神经元的萎缩是可以逆转的；如果视觉剥夺的持续时间超过 1 年，这种萎缩则是不可逆的（Riesen，1947）。有研究发现，布加勒斯特早期干预项目中的一些孩子被生活条件较好的家庭收养 18 个月后，他们的脑电波并没有得到改善（Marshall et al.，2008），直到这些儿童在较好生活环境中度过了约 6.5 年后，他们的 α 脑电波才与正常儿童没有差别（Vanderwert et al.，2010）。这说明较长时间的恶劣环境带来的大脑损伤很难恢复，或是需要很长时间才能得到补偿。有研究者发现，相比于正常儿童，长期在不利寄养环境下生活的儿童的脑体积更小。有研究比较了一直在福利院长大和 2 岁左右被领养的儿童的灰质体积，结果表明，被领养儿童的白质体积高于一直在福利院生活的儿童（Sheridan et al.，2012）。

另外，每个儿童经历的自然环境、文化环境以及家庭环境各不相同，这种环境造成的差异会带来可获得的资源和机会的不平等，一些处于不利条件下的儿童由于环境剥夺而面临很大的威胁与挑战。这些挑战可能不仅来自不良环境因素、营养不足、忽视或者情绪压力等单一因素的负面影响，

而且来自多种负面因素的共同作用。因此，相比于单一风险环境，处于不利环境的儿童更易受到多种风险因素的共同威胁。

四、早期教育与大脑发育

首先，早期营养的充足供给和适当运动有助于儿童大脑的发育。在怀孕期间和婴儿出生后，父母为儿童提供足够的营养对儿童大脑的发育非常重要。例如，在出生后的一段时间，母乳是儿童营养的重要来源。有研究者选取 86 名早产儿，考察母乳对婴儿发展的影响。结果发现，接受大量母乳喂养的婴儿显示出更好的神经行为表现，特别是在动作成熟和活动范围上。另外，母乳还与改善母亲的情绪和母子之间的互动行为有关（Feldman & Pentland，2003）。Lechner 和 Vohr（2017）认为，母乳喂养对早产儿神经发育的积极影响会持续到儿童期。母乳会影响婴儿大脑结构的发育，如大脑白质和皮层厚度的增加。另外，除了营养的给予，最近的一项研究发现，怀孕期间做运动有助于促进新生儿的大脑成熟。研究者采用 EEG 技术发现，相比于运动较少的母亲，怀孕期间依然进行适当运动的母亲产下的新生儿的一项反应大脑成熟的脑电指标更好（Labonte-Lemoyne et al.，2017）。

其次，父母的积极情绪和抚养方式有助于儿童大脑功能的发育，使儿童有更多机会去学习、探索和模仿。父母应该重视与孩子的亲子交流，保持与儿童的积极互动，调动儿童的多感官通道参与活动。来自认知神经科学的研究发现，亲子互动影响儿童大脑结构的发育（Takeuchi et al.，2015）。另外，Whittle 等人（2017）的研究结果显示，积极的父母教养方式可以改善因家庭不利因素（如低家庭社会经济地位）带来的杏仁核发育异常。但是，关于父母教养与海马关系的人类研究并未得到一致结果。一项人类研究显示，儿童期的亲代抚养与成年期的海马脑区体积无相关关系。然而，当父母的过度保护水平较低时，儿童期的亲代抚养与成年期的海马脑区的体积之间呈正相关；父母的过度保护水平较高时，儿童期的亲代抚养与成年期的海马脑区体积之间无相关。这一研究结果提示我们，亲代抚养和过度保护共同影响个体的海马发展（Wang et al.，2017）。

再次，开始进入幼儿园或小学后，集体性质的教育教学活动也会对儿童的大脑发育产生影响。一项研究以 11 岁左右的儿童为对象，探讨了珠心算的加工机制以及长期的珠心算练习对儿童脑发育产生的影响。结果发现，在完成数字和字母记忆任务时，珠心算儿童的大脑白质分数显著高于对照组，这与他们的工作记忆广度也有正相关关系，这表明珠心算训练一定程度上提高了记忆力，增强了与运动和视觉空间过程相关的白质束的完整性（Yuzheng et al.，2011）。此外，有研究者开展了一项关于音乐训练对儿童大脑结构发育影响的纵向研究。结果显示，相比于控制组儿童，6 岁儿童经过 2 年的音乐训练后，在宏观上，其大脑皮层厚度（左侧和右侧的颞上回后部）呈现出不同的成熟速率；在微观上，上额叶、感觉和运动部分的连接通路分数较高。这些结果表明，经过音乐训练，学龄期儿童的大脑结构在宏观和微观上都会发生变化（Habibi et al.，2017）。

最后，适宜的体育活动不仅可以增强儿童的体质，还可以提高儿童的认知水平。有研究者考察了不同强度的协调运动干预对幼儿园儿童行为和脑电活动的影响，结果发现，在任何强度的运动干预后，儿童的脑电指标——P3 波的振幅更大，这表明协调运动可以通过提高儿童的注意分配能力，增强其神经活动的有效性，进而提高儿童在需要前额叶参与的任务中的表现（Chang et al.，2013）。Donnelly 等人（2016）综述了大量有关体育活动、健身、认知和学业成就关系的相关研究，结果发现，体育活动对儿童的认知发展、大脑结构和大脑功能的发育起到了积极作用。

　　总之，心理学、教育神经科学、认知神经科学的大量研究成果为揭示儿童早期大脑如何工作、发育以及环境对大脑的影响作用提供了一定的证据。这些成果一定程度上可以帮助父母更科学地照顾孩子。然而，正如约翰·梅迪纳在《让孩子的大脑自由》一书中提到的，由于每个儿童不一样、每对父母不一样、每个儿童的生长环境也不一样，脑科学只能为教育指明方向，如何处理生活中遇到的种种具体问题，还需要自己摸索。另外，外部环境与大脑之间的关系是复杂的。目前，关于早期环境和大脑发育之间的关系还有很多问题尚未知晓，需要更多的研究予以揭示。如何结合儿童早期大脑发育特点、成长环境影响作用，开发科学的、适合的早期脑发育和心理发展促进项目，还需要各方人员共同努力。

2

第二部分
PART TWO

家庭与幼儿园：
0~6 岁孩子成长的重要环境

第 3 讲

家庭与儿童：
孩子成长的首要环境

  家庭环境作为儿童出生后接触的第一个环境系统，是儿童最主要的生活场所，也是影响儿童早期发展最重要的环境系统。家庭环境为儿童的发展提供了物质基础和精神支持，在儿童的心理发展中发挥着不可或缺、无可替代的作用。不同的家庭环境为孩子提供了不同的成长空间，进而给孩子带来不同的影响。家庭环境不仅影响着孩子的性格，还影响着孩子的认知能力、情绪情感等各个方面。

  家庭环境包含多种构成要素，如从家庭环境的结构方面，可将家庭环境区分为家庭背景环境（Family Background Environment）和家庭过程环境（Family Process Environment）。其中家庭背景环境是指家庭各要素的结构和组成，通常不以人的意志为转移，或在短期内无法改变，如父母的学历、家庭收入和家庭结构等；家庭过程环境是指家庭各要素的功能，通常由家长或其他家庭成员加以调节控制，如家庭的学习环境、父母的教养观念和方式、亲子关系等。Steinglass（1987）曾把家庭比作一个舞台，家庭中的各个要素就是这个舞台上的演员，那么家庭背景特征关心的是各个演员在舞台上是如何安置的，而家庭过程特征关心的则是各个演员演什么以及怎么演出来。

  此外，从家庭环境系统的距离来看，还可以将家庭环境划分为远端环境和近端环境（Bronfenbrenner，1979）。远、近端环境具有相对性，其依据儿童接触到的环境的远近划分，越是儿童能直接和密切接触的环境则越近端。相对而言，家庭的社会经济地位是较远端的家庭环境，而教养方式、亲子关系等则属于较近端的家庭环境。据此可以推论，相对于家庭过程环境，家庭背景环境属于较远端的环境。远端环境既可能直接影响儿童的发展，又可能通过近端环境间接对儿童的发展产生影响。例如，家庭贫困或父母受教育水平低可能导致消极的亲子互动，进而对儿童的发展产生不利影响（Bradley & Corwyn，2002）。综合以上家庭环境的构成及具体内容，本讲将围绕与儿童早期发展紧密相关的核心家庭环境要素进行阐述，分别是家庭社会经济地位、家庭学习环境、父母身心健康、父母教养方式与协同教养及家庭关系氛围。

一、家庭社会经济地位

家庭社会经济地位是最重要的家庭背景环境。研究者一致认为，家庭社会经济地位是导致儿童早期发展差异的重要因素（Bridges et al.，2004）。家庭社会经济地位与儿童的生理健康、认知能力以及社会情绪适应性各方面均有密切联系（Bradley & Cotwyn，2002）。元分析研究表明，社会经济处境不利对儿童早期的认知功能、言语发展、学业成就、社交能力、情绪与行为适应都有损害（McLoyd，1998），它不仅直接作用于儿童的发展，还通过其他家庭环境因素间接作用于儿童发展。Conger 和 Donnellan（2007）提出的家庭投资模型（Family Investment Model）及家庭压力模型（Family Stress Model）指出，家庭社会经济地位通过影响家长的教养方式、家庭学习环境、家庭关系氛围等影响儿童的身心发展。例如，一项研究发现，家庭社会经济地位以家庭中的危险因素（如抚养者的抑郁、抚养者的控制、缺少社会支持等）和家庭学习环境（如亲子共读、进行特殊学习活动、提供家中阅读材料等）为中介，进而影响儿童早期的读写技能和社会性发展（Abbott-Shim et al.，2003）。

社会经济地位有着丰富的内涵，科尔曼将社会经济地位定义为一系列资本，它由三个部分组成：物质 / 经济资本（Financial Capital）、人力资本（Human Capital）以及社会资本（Social Capital）（Coleman，1988）。在随后对社会经济地位的测量中，家庭经济收入、个体教育水平以及职业成为代表三种资本的典型指标（Bradley & Corwyn，2002）。由于经济收入具有敏感性和隐秘性，一些研究也使用家庭拥有物来反映家庭收入水平，如国际学生评估项目（PISA）采用一系列题目询问学生的家庭拥有物（如书本数量、是否有计算机和网络以及是否有独立卧室等）。但综合以往有关儿童发展的相关研究，父母的受教育水平和家庭收入是最有代表性和最常用的两个指标。接下来将分别阐述父母的受教育水平和家庭收入与儿童心理发展之间的关系。

1. 父母的受教育水平与儿童心理发展

父母受教育水平是家庭社会经济地位中重要且稳定的一个指标，父母受教育水平往往决定了家庭能达到的社会地位和获取的资源。研究表明，父母受教育水平是预测孩子未来成就的重要指标，能显著预测儿童的学业成就（Davis-Kean & Sexton，2005；Melhuish et al.，2008b）和行为表现（Li et al.，2015；李惠云，乔晓熔，2005）。例如，Melhuish 等人（2008b）对英国有效学前教育项目（Effective Pre-School and Primary Education，简称 EPPE）的 2558 名儿童进行追踪研究，考察他们在 10 岁时数学成绩的影响因素，结果发现，母亲学历是所有因素中影响儿童 10 岁时数学成绩的最主要因素（见图 3-1）。我国李惠云和乔晓熔（2005）对初入小学儿童的识字量、注意力等认知能力以及适应性等社会情绪行为与父母受教育水平的关系进行研究，发现父母受教育水平对儿童的识字量、发散思维以及适应性等具有显著影响。

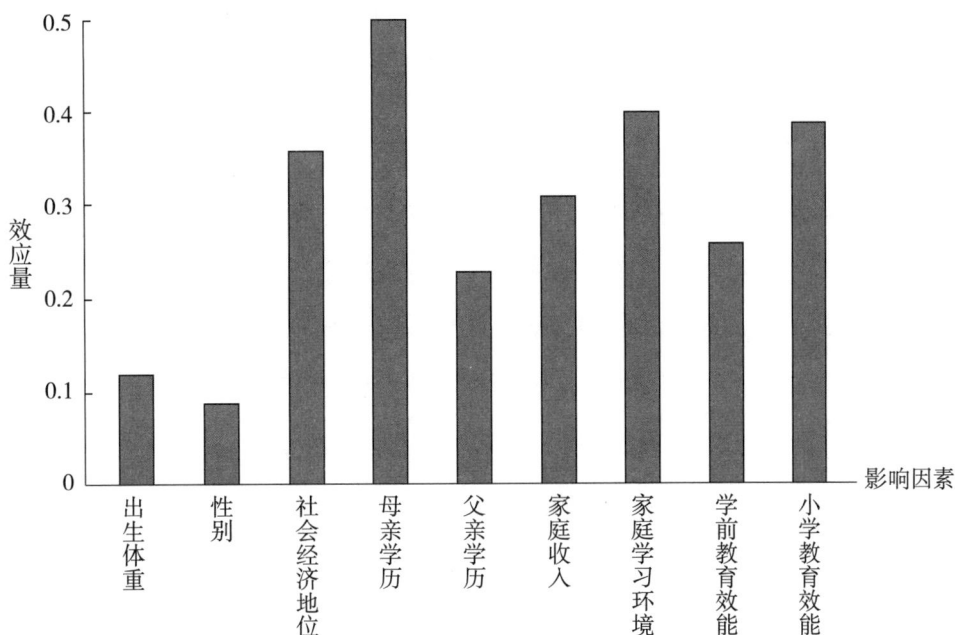

图 3-1　影响 10 岁儿童数学成就的各因素的效应量比较
（ Melhuish et al., 2008b ）

李燕芳等人（2015）对 6 所公立幼儿园 190 名中班儿童及其抚养人的调查研究发现：母亲的受教育水平能够显著预测儿童的语言认知和数学认知能力，对问题行为的预测作用不显著；父亲的受教育水平对儿童的语言和数学认知能力、问题行为均无显著预测作用。该结果表明母亲受教育水平对学前儿童语言和数学认知能力的影响更大，这可能是由于在儿童年幼阶段，与父亲相比，母亲更能参与孩子生活和学习的更多环节，包括情感支持、口语交流、起居照料等，因而母亲自身受教育水平的高低，将直接影响儿童学业相关的认知能力，如语言表达、数数、计算能力等。在另一项研究中，李艳玮等人（2013）通过对两所公立幼儿园 181 名中班儿童的调查发现，父母受教育水平对儿童的语言技能具有显著的预测作用，对儿童的数学技能具有边缘显著的预测作用，对社会技能的预测作用不显著。上述研究从某种程度上表明，父母受教育水平对儿童学业的影响比对社会技能等方面的影响更大，其中母亲的受教育水平对学前儿童的学业相关认知能力的发展尤为重要。

父母受教育水平不仅直接影响儿童的心理发展，还可能通过影响其他过程因素，如家庭学习环境、教养观念和行为、家庭氛围等间接地影响儿童的心理发展（Conger & Donnellan，2007；Davis-Kean & Sexton，2005）。也就是说，父母的受教育水平可能是其教养观念与行为的基础，拥有较高受教育水平的父母，其教养理念和行为可能更加科学，为孩子提供的资源和支持更加丰富，创设的家庭氛围更加积极，最终孩子发展得也会更好。这一发现几乎在所有关于父母受教育水平与儿童心理发展关系的研究中得到了证实。由此可见，父母的文化素质是维持家庭和谐、正确处理与子女的关系、采取积极教养方式的重要基础。因此，父母提高自身文化素质和知识结构，是改善家庭教育功能、创造良好的家庭生活氛围和培养子女良好个性的重要因素，对儿童早期发展起着积极的影响作用。

2. 家庭收入与儿童心理发展

家庭收入作为家庭社会经济地位的另一项核心指标，是影响儿童早期各方面发展的重要背景因素。家庭收入直接决定了一个家庭的物质生活水平，是影响儿童成长过程中接触环境刺激丰富程度的重要因素。相对于低收入家庭，高收入家庭更可能为儿童的成长提供丰富的环境刺激，如提供更多的图书、组织更多的户外教育活动等，从而有利于儿童早期的心理发展。来自美国收入动态研究小组（The Panel Study of Income Dynamics，简称 PSID）的一项科学研究表明，家庭收入水平对学前儿童的语言技能具有显著的正向预测作用，与儿童的问题行为呈显著负相关（Yeung et al.，2002）。我国的相关研究也表明，家庭收入与儿童的言语发展、社会能力等存在显著相关性。例如，张晓等人（2009）对 325 名幼儿的研究发现，家庭收入显著预测儿童的社会能力，高收入家庭儿童的社会能力显著高于低收入家庭的儿童。李艳玮等人（2015）对北京市 185 名年龄在 43~77 个月的儿童进行研究发现，高收入家庭的儿童在早期语言能力（包括语音意识和词汇量）上的得分显著高于低收入家庭儿童。

可见，家庭收入对儿童发展的影响具有一定的文化普遍性。因此，采取更有效、更直接的措施来降低我国居民的贫富差距、促进教育公平的发展和人口素质的整体提高已成为政策制定者和决策者关注的重要课题之一。不仅如此，教育者和父母也应从社会心理环境的创设入手，积极采取措施弥补低家庭收入带给儿童的不良影响，进而保障其身心健康发展。

二、家庭学习环境

家庭学习环境（Home Learning Environment）作为个体出生后最先接触到的学习环境，对个体早期学业能力和社会行为都有重要作用。家庭学习环境的概念最早由 Bradley 和 Caldwell（1984）提出，是指父母为孩子提供的一系列教育活动和资源，主要涉及父母为孩子提供的阅读、玩耍以及丰富的语言交流等活动。家庭学习环境是儿童成长环境的重要组成部分，也是影响个体发展的重要社会资本和过程因素。

家庭学习环境在国际大型项目及研究中得到普遍关注，包括英国有效学前教育项目、美国开端计划项目和婴儿健康与发展（Infant Health and Development Program，简称 IHDP）项目。通过分析这些项目，我们发现研究者对家庭学习环境的测量包括文化资源、家庭学习活动和生活经验三个方面。其中，文化资源指为孩子提供丰富学习机会的资源，家庭学习活动指与孩子一起进行学习相关的活动，生活经验指同孩子一起进行的与日常生活经验密切相关的其他活动。

父母为孩子创设良好的家庭学习环境不仅对儿童的语言能力、认知能力和学业成就等方面有积极作用，也被视为培养儿童学习能力、提高社会情感能力、塑造社会情绪行为以及减少贫困和促进公平的重要方式（Foster et al.，2005），这种作用在个体发展的早期阶段尤为明显。

已有研究表明，在儿童进入幼儿园之前，父母为他们提供的积极家庭学习环境可以有效地促进其认知能力的提高。例如，Son 和 Morrison（2010）使用家庭环境观察评估量表（Home Observation for Measurement of the Environment，简称 HOME）中的语言刺激、学习刺激、学习材料和日常生活经验四个分量表，分析了儿童从幼儿园到小学一年级的过渡期中家庭的学习环境及其改善对他们语言技能发展的影响，结果发现，丰富的语言刺激、学习刺激和学习材料对语言发展有积极促进的作用，从 36 个月到 54 个月，学习刺激和学习材料的增加与儿童语言能力的提升呈正相关关系。

不仅如此，有研究揭示家庭学习环境对儿童认知发展的贡献甚至超过了其他环境因素（如社会经济地位）。例如，Melhuish 等人（2008a）对

EPPE 项目中 141 个早教中心共 2857 名儿童进行了追踪，测查了儿童 3 岁时的家庭学习环境和一般认知能力，5 岁时的一般认知能力和读写、计算能力，以及 7 岁时的学业成就。结果发现，与儿童的家庭背景等一系列变量相比，家庭学习环境对儿童的发展更加重要。具体而言，家庭学习环境对 5 岁儿童读写技能和计算能力的预测效应量明显大于其他预测变量的效应量（图 3-2），同样地，在儿童 7 岁时，家庭学习环境对其阅读和数学成就的影响效应量依然是最大的。Melhuish（2010）以家庭学习机会的频率作为指标，对家庭学习环境与 11 岁儿童语言和数学成就关系的进一步研究，再次验证了家庭学习环境对语言和数学成就的显著贡献（见图 3-3）。

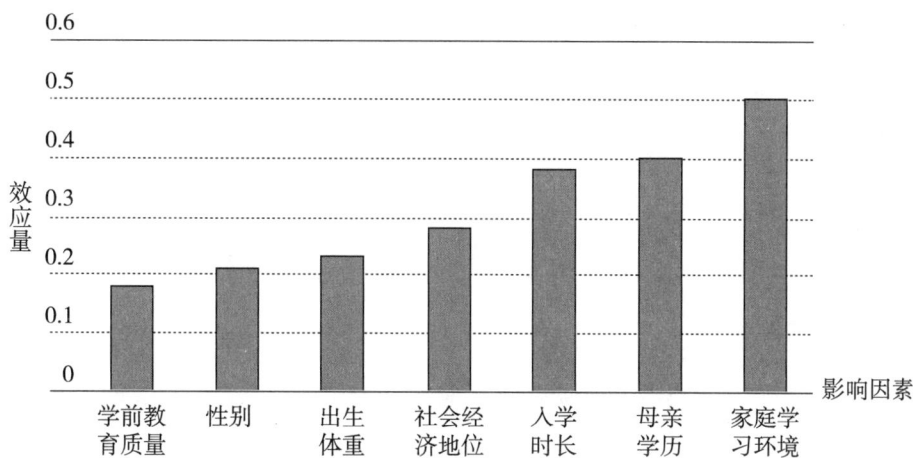

图 3-2　早期环境因素对 5 岁儿童读写能力的影响
（Melhuish et al.，2008a）

注：效应量可以比较不同因素对 5 岁儿童读写能力的影响大小，效应量在 0.1、0.4、0.7 分别代表弱、中、强效应。

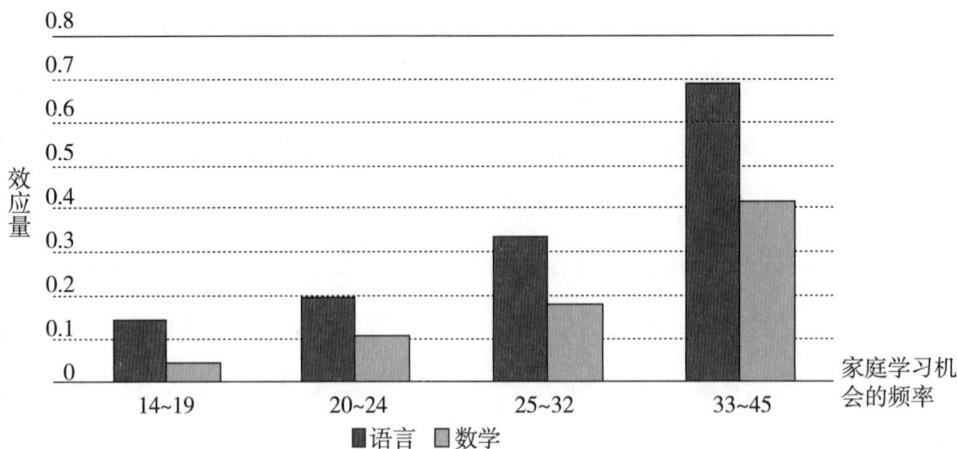

图 3-3 家庭学习环境对 11 岁儿童语言和数学成就的影响
（Melhuish，2010）

不仅如此，家庭学习环境与儿童早期的社会情绪发展也密切相关。例如，Foster 等人（2005）在其研究中根据儿童早期的破坏性行为、积极的人际交往、问题行为和社会技能的测查结果提取出社会情绪能力潜变量，分析家庭学习环境与该变量之间的关系，结果发现，家庭学习环境与社会情绪能力呈显著正相关关系，也就是说，家庭学习环境越好，儿童的社会情绪能力也越好。

可见，家庭学习环境作为个体首要的成长环境，对个体早期发展的作用不容忽视。基于家庭学习环境对个体早期发展的重要贡献，研究者也进一步探讨了家庭学习环境的不同方面对儿童早期发展的影响，以更具体地考察家庭学习环境对个体早期发展的作用情况。

1. 家庭物质文化资源与儿童发展

家庭物质文化资源是指家中的书籍、报刊、音乐器具和玩具等学习材料。相较于物理环境而言，家庭物质文化资源对儿童认知发展的影响更为直接。比如，美国 Son 和 Morrison（2010）运用家庭环境观察评估量表考察家庭学习环境与儿童语言能力的关系，结果发现，儿童 36 个月时的家庭学习材料与儿童 36 个月和 54 个月时的语言能力（表达性语言及其理解）和学业能力（基本概念、字词识别和应用问题）均呈现显著的正相关。针对家庭物质文化资源对儿童认知发展的重要作用，我国李燕芳和吕莹（2013）也开展了一项专题研究，通过对北京两所公立幼儿园 181 名4.5~5.5 岁的儿童的考察发现，家庭文化资源可显著预测学前儿童的语言、数学技能以及学习品质（坚持性、好奇心、注意力等），并且发现，家庭文化资源主要通过促进儿童的学业品质来促进其语言和数学能力的发展。这表明，文化资源对儿童早期学习品质的形成和发展具有重要作用，而良好的学习品质将可能为当前及未来学业成就的表现奠定基础。可见，家庭物质文化资源与儿童的认知和学习品质发展密切相关。

2. 家庭学习活动与儿童发展

家庭学习活动是指抚养人在家里为孩子提供明显学习机会的活动，比如给孩子讲故事、读书等（Bradley & Caldwell，1995）。家庭学习活动对儿童早期认知和学业能力发展都有重要影响，这一影响很可能持续到学龄期（Melhuish et al.，2008a，2008b）。Melhuish 等人（2008b）通过对母亲进行访谈，发现给孩子提供明显学习机会的 7 项活动（包括给孩子读书、陪孩子去图书馆、玩数字、画画、教孩子学习字母、教孩子数字、教孩子唱歌 /诗歌 / 韵律）均对 5 岁儿童的读写能力和计算能力有显著的正向预测作用。李艳玮等人（2013）对 181 名学前儿童（53~67 个月）的考察发现，家庭学习活动显著预测儿童的语言技能和数学技能，但对社会技能的预测未达到显著水平，这表明，家庭学习活动可能是儿童早期语言和数学能力最重要的预测变量。此外，父母参与孩子的教育活动、提供丰富的学习活动还可能帮助孩子养成良好的学习习惯，提高孩子的注意力，增强学习兴趣和学习动机等，这些将为孩子未来进入小学、中学的学习打下良好的基础。

一些研究也表明，家庭学习活动与儿童的社会情绪行为相关。Foster 等人（2005）对 325 个参与开端计划项目的家庭进行考察发现，家庭学习活动对儿童社会性能力具有显著的正向预测作用，并与个体早期问题行为呈现显著负相关关系。但进一步比较家庭学习活动对认知和非认知能力预测作用的大小，发现家庭学习活动对学业认知能力的预测作用要大于对社会性能力的作用。这表明，相对于儿童的社会性发展，家庭学习活动可能与儿童的认知能力发展的关系更加紧密。

3. 丰富的社会生活经验与儿童发展

生活经验作为家庭学习环境的另一个重要方面，是指抚养人同孩子在户外进行的一些活动，比如带孩子外出旅游、参加社区或其他团体组织的活动（如夏令营）、带孩子去书店等（Bradley & Caldwell，1995）。为儿童提供丰富的生活经验对儿童的社会技能有重要的促进作用。李艳玮等人（2013）对家庭学习环境与儿童早期发展的研究也验证了这一点，其研究结果发现，丰富的生活经验能够显著预测学前儿童的社会技能，但对儿童的语言和数学技能的预测不显著。此外，李燕芳等人（2014）对北京市 98 所幼儿园 1877 名 5~6 岁儿童的研究也发现，母亲为儿童提供社交机会（如"经常邀请其他小朋友到家里玩"）可显著正向预测儿童的社会技能，显著负向预测儿童的问题行为，这表明，为孩子提供丰富的生活经验和创设社交机会，是促进儿童社会化发展的重要手段。

由此可见，孩子丰富的日常生活经验可以在一定程度上促进儿童早期社会技能的提高。因此，建议父母可以多带孩子外出旅游、参观或参与各种团体活动，这会潜移默化地培养孩子的合作、独立、自我控制和勇敢等优秀品质。

综上研究，可见家庭学习活动对儿童的认知能力、学业技能有更为明显的作用，而丰富的生活经验对儿童的社会能力影响更大，启示父母可根据孩子各方面心理能力发展的状况，有针对性地创设和改善家庭学习环境，以帮助孩子获得良好的、全方位的发展。

三、父母身心健康

父母的健康状况与孩子的健康状况紧密相关。健康包括身体和心理两个方面，大量遗传学的研究发现，儿童先天的一些生理或心理缺陷可能传承于父母。此外，在后天教养环境中，父母身体不佳或心理不良，也可能给孩子的健康发展带来风险。那么，父母的身体健康状况究竟能给孩子带来什么样的影响，心理健康与孩子哪些方面的发展有着密切的联系呢？本节将通过一些相关的研究发现对这些问题做出探讨。

1. 父母身体健康与儿童发展

有关父母身体健康和生活习惯影响儿童发展的研究首先聚焦在母亲孕期的健康习惯方面。大量研究发现，母亲孕期的健康状况影响到儿童的健康发展。例如，母亲孕期吸烟会损害儿童的认知能力。Batty 等人（2006）对美国青少年纵向研究项目（National Longitudinal Survey of Youth，简称 NLSY）中 5578 名儿童和他们的母亲进行调查发现，当母亲在怀孕期间每天吸烟超过一包时，儿童智力测验的成绩比母亲孕期不抽烟的儿童低 2.87 分。Julvez 等人（2007）对西班牙 420 名 4 岁儿童的认知能力进行测查，同时也了解了他们的母亲从怀孕到儿童 4 岁期间的吸烟行为，结果发现，母亲怀孕期间每天吸烟超过一包时，儿童在语言、数学、工作记忆和执行功能等多项认知能力上的成绩都显著低于其他儿童，而且儿童的神经系统发育也会受到影响。

父母身体健康状况不仅影响儿童的身体健康状况和认知发展，也可能导致儿童的社会情绪行为问题。Cabrera 等人（2011）选取了美国早期儿童纵向研究—出生组（the Early Childhood Longitudinal Study–Birth Cohort，简称 ECLS–B）中于 2001 年出生的 10 700 名儿童，分别在他们 9 个月、24 个月、48 个月以及进入幼儿园时进行了追踪调查。结果发现，父亲或母亲的身体健康问题与儿童的行为问题显著正相关。Whitaker（2006）对 2756 名儿童进行了从出生到 3 岁的追踪研究，结果发现如果母亲报告经常吸烟、饮酒或服用不良药物，儿童出现问题行为的频率显著增多。

针对父母身体状况对儿童发展的影响作用，李燕芳等人（2014）一项研究探讨了母亲风险因素（母亲学历低、身体状况差、抑郁）对 1877 名儿童早期学业和社会情绪行为发展的影响，结果发现（见图 3-4），作为母亲的风险因素之一，母亲身体状况差对儿童的社会情绪行为有显著的影响，其中，母亲身体差显著负向预测儿童的社会技能，显著正向预测儿童的问题行为。

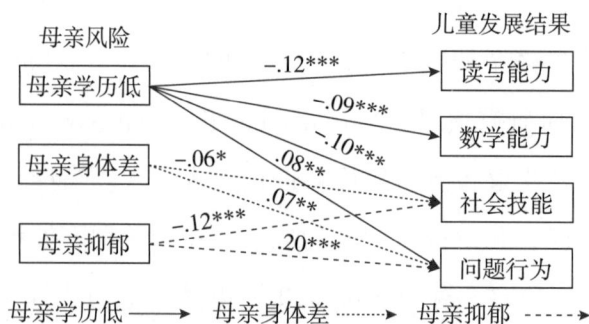

图 3-4　母亲风险对学前儿童发展的直接预测效应
（李燕芳等，2014）

注：图中为标准化回归系数；控制儿童年龄、性别、独生与否、流动与否；*p<0.05，**p<0.01，***p<0.001。

2. 父母心理健康与儿童发展

现实生活中，作为父母会面临巨大的工作和生活的压力，如果不能及时缓解，将导致一定的心理问题，也会对儿童的发展造成伤害。目前已有研究十分关注母亲心理健康状况与儿童发展的关系，如大量研究探讨母亲孕期的心理压力水平对后代的影响。研究表明，母亲孕期焦虑、抑郁等消极情绪对儿童情感发展不利（Davis et al.，2004），并可能进一步导致儿童在学龄前及学龄期出现注意力、学业以及行为等方面的问题。事实上，在儿童的整个发展过程中，母亲的心理健康水平与儿童的情绪和行为表现等密切相关。Cummings 和 Kouros（2009）的调查显示，母亲患抑郁的儿童出现适应问题和情绪障碍的概率是母亲情绪正常儿童的 2~3 倍。Goodman 等（2011）通过对 193 项 1982—2009 年相关研究的元分析发现，母亲抑郁与儿童更高水平的内向问题、外向问题、消极的情感 / 行为以及更低水平的积极情感 / 行为显著相关，并表现出母亲抑郁对年龄越小儿童的影响效应越大的趋势。我国刘丽莎和李燕芳（2013）的研究也发现，母亲抑郁与儿童内向问题行为存在正相关。李燕芳等人（2014）在考察母亲风险因素对儿童早期心理发展影响的研究中，也发现母亲抑郁对儿童社会技能的发展不利，且与儿童的问题行为存在正相关（图 3-4）。

父亲的心理健康状况也与儿童的健康发展紧密相关。英国 Ramchandani 及其同事（2006）通过追踪 8 431 名父亲、11 833 名母亲和 10 024 名儿童考察父母抑郁与儿童行为和情感发展之间的关系，其中发现，父亲抑郁症对孩子的早期行为和情感发育具有持续性的不良影响。Kane 和 Garber（2004）对 23 篇 1975—2000 年有关父亲抑郁与儿童问题行为之间关系的研究的元分析发现，父亲抑郁症与儿童的内外化问题均呈显著正相关，但与内化问题的相关性更大。

相比于父母一方，更应该重视父母双方的心理健康对儿童的心理健康发展的共同影响。研究发现，母亲和父亲的心理健康对儿童的心理健康存在不同程度影响。如我国滕春燕（2011）选取浙江省杭州市 660 名 4~7 岁儿童及其父母任意一方，考察父母心理健康情况与儿童的行为问题之间的关系，结果发现，母亲抑郁、偏执、恐惧等心理问题直接预测儿童的行为问题，父亲强迫、抑郁、偏执、恐惧等精神病症也显著预测儿童的行为问题，这表明父母心理健康问题会对儿童的行为产生不良影响。

不仅如此，相比仅一方出现心理障碍，父母双方均有障碍可能加重对儿童的危害。Goodman 和 Gotlib（1999）指出存在心理障碍的父亲可能会通过遗传或环境影响的方式使得母亲是抑郁症的儿童的发展情况恶化。相反，父母任何一方心理健康和适应良好，则可能缓和另一方的消极心理对孩子的不良影响。Goodman 和 Gotlib（1999）在母亲抑郁传递的整合模型中提出"缓和器（moderators）"的概念，指出父亲积极的情绪或行为可以缓冲母亲消极心理健康状况对儿童的不良影响，表明积极健康的父亲是儿童健康成长的保护性因素。我国刘丽莎和李燕芳（2013）的一项研究证实了上述父亲扮演"缓冲器"的模型假设。该研究考察了母亲消极情绪（抑郁）和行为（惩罚教养）对儿童早期问题行为的影响及父亲积极教养在其中的保护（即缓冲）作用，通过对 184 名学前儿童及其父母的调查，结果发现，父亲对儿童的积极鼓励能够缓冲母亲抑郁对儿童行为的消极影响，表明父亲在母亲消极情绪对孩子的不利影响中具有保护作用（图 3-5）。

综上所述，父母的心理健康均对儿童心理健康发展具有重要的作用。在日常与儿童的互动中，父母需要长期照料儿童，付出巨大的情感，并且在与孩子接触的过程中要保持较大的耐心，以面对他们的各种要求及需求。所有这些都要求父母除了具备基本的身体素质外，还要具备良好的心理素

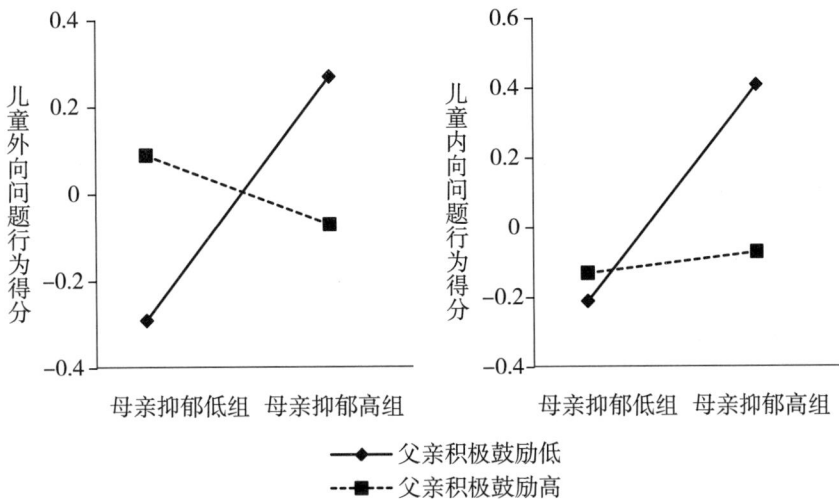

图 3-5　父亲积极鼓励对母亲抑郁预测儿童问题行为的保护作用
（李艳玮等，2013）

质，才能积极应对养育孩子的各种挑战。在教养孩子的过程中，父母需要用耐心与细心去陪伴儿童，无论在任何情况下都要管理好自己的情绪以防给儿童做出坏的榜样。父母既是儿童的陪伴者，也是儿童从出生开始就面对的第一个榜样。心理健康的父母才能培养出一个同样心理健康的儿童。

四、父母教养方式与协同教养

我国著名的教育学家陈鹤琴先生曾经说过："有许多小孩子教养得不好，这不是小孩子的过失，完全是父母的过失。"对此，他指出了很多家庭教养中存在的问题，并对父母的教养提出了许多建议。在家庭中，父母是儿童接触的首要对象，也是接触时间最长的人，父母的教养方式直接影响着儿童的成长，因此我们需要重视父母教养，并了解父母教养对儿童身心发展产生的影响。

1. 父母教养方式与儿童发展

父母教养方式是一个比较复杂的、涉及因素多又不易界定的概念，许多研究者曾对父母教养方式加以界定（Darling & Steinberg，1993；陶沙，林磊，1994）。综合以往学者的观点，父母教养方式是指父母在教育、抚养子女的日常活动中表现出来的一种对待子女相对稳定的、固定的模式和行为倾向，是父母传达其教育观念和行为的综合体现。

研究者根据父母在教养过程中体现出来的一些普遍特征总结提炼出不同的教养方式类型。其中最经典也经常被采纳的是 Baumrind（1967）对教养方式的划分法。Baumrind 最初提炼出教养方式的两个维度：要求和反应性。其中，要求指的是父母是否会对儿童的行为建立适当的标准并坚持要求儿童达到这些标准；反应性指的是对儿童接受和爱的程度以及对他们需求的敏感程度。根据这两个维度，她将父母的教养方式分为三类：权威型、专制型和宽容型。Baumrind 的研究发现，三种类型的教养方式对儿童个性发展的影响不同，其中权威型的教养最好。权威型教养方式的父母能对儿童的需求作出反应，并且给予儿童适度的控制，能最理想地促进儿童的适应性行为和能力的发展，因而儿童有更多的社会责任感和成就倾向，有较强的独立性；而专制型的教养方式则由于父母独断、高度控制等导致儿童缺乏社会责任感，独立性较低，容易出现越轨行为与适应问题；宽容型家庭中的儿童因为缺乏父母施予的准则和强化，导致他们缺乏自我控制和自我信任，在认知和社会性发展中缺乏主动性。

父母教养对儿童发展的影响具有长远性、广泛性和特异性等特点。许多大型项目如美国国家教育追踪调查（National Educational Longitudinal Survey，简称 NELS）、收入动态研究小组儿童发展补充项目（Child Development Supplements of the Panel Study of Income Dynamics，简称 PSID-

CDS）以及美国国立儿童健康与人类发展研究所（National Institute of Child Health and Human Development，简称 NICHD）开展的大量研究表明，儿童接受的早期教养对其当下及未来的发展具有深远的影响。不仅如此，父母教养方式对儿童发展也具有广泛性的影响。研究发现，教养方式对儿童发展结果的影响涉及各个方面，包括认知发展如语言能力、数学能力、情绪情感能力以及社会行为等（Chang et al.，2003；Bradley & Corwyn，2002；Melhuish et al.，2008a，2008b；Möller et al.，2016）。父母教养方式对儿童发展的影响也具有特异性，它体现在不同的教养方式可能与儿童不同的发展方面相关。如有的研究发现父母的鼓励和陪伴会预测学业成就的高低（Jeynes，2005），父母的过度保护和卷入则可能与更高的儿童焦虑水平相联系（Möller et al.，2016），而心理控制如羞辱、离开 / 抛弃、侮辱性评论等与儿童的内外化行为问题密切相关（Nelson et al.，2006）。可见，父母具体的教养方式可能与儿童不同的发展结果相联系。

由于父母教养涉及不同维度，其不同维度对儿童发展的重要性程度可能不同。对于早期儿童而言，父母的敏感、响应、积极情感关注等是父母教养的重要指标。父母教养的敏感性是影响儿童发展非常重要的因素，它指的是父母对儿童需求信号的敏锐觉察，也就是说，当儿童需要父母的关注与帮助时，父母是否能很快意识到。研究表明，父母敏感性与儿童认知能力和社会性发展水平密切相关。美国国家儿童健康与人类发展研究所开展的有关儿童早期抚养与发展项目（Study of Early Child Care and Youth Development，简称 SECCYD）的追踪研究表明，父母积极、敏感的教养态度和方式更可能使儿童形成安全型依恋，父母敏感性都较高的儿童认知能力水平较高，问题行为发生率较低。除此之外，父母响应和积极情感关注也是非常重要的教养维度。例如，Mistry 等人（2010）对美国早期开端计划项目中 1851 名儿童的调查发现，学前和童年期父母的积极响应能预测儿童学龄期更高水平的学术成就和更低水平的社会问题行为。李燕芳等人（2014）在一项大型区域项目研究中，考察了母亲四项教养行为与学前儿童的学业和社会情绪行为之间的关系，结果发现母亲的敏感性和积极情感显著预测儿童的所有发展方面，其中，显著正向预测儿童的读写、数学能力及社会技能，负向预测儿童的问题行为。这表明，在所有四项母亲的教养行为中，敏感性和积极情感表达对儿童发展的影响最为全面，整体的影响作用也最大。此外，通过比较，我们还发现母亲教养行为整体上分别解释了儿童读写能力、数学能力、社会技能、问题行为各 6%、2%、16% 和 4%的变异，这其中，母亲教养行为对儿童社会技能的影响最大。

上述研究说明了父（母）敏感性、响应和积极情感关注等对儿童发展的重要作用，它可以对儿童发展的各个方面如认知、社会技能以及问题行为产生影响。这也提示我们，父母在抚养儿童的过程当中，要及时地针对儿童的需求敏感地做出合适的反应，要注意自己积极情感的表达，给予儿童积极的回应，从而形成良好的家庭环境氛围，使得儿童在这种健康的环境中获得丰富的情感体验，朝着良好的方向发展。

2. 父亲参与教养的独特作用

父亲参与教养对孩子具有独特和长期影响，Lamb（2010）根据以往的研究成果，在《父亲在儿童发展中的作用》一书中总结到，父亲高水平的参与能够预测儿童一系列更好的发展结果（包括心理调节、精神健康、认知和社会能力、自我控制、学校适应以及学业和职业成就等）。这表明，父亲参与在儿童成长中具有不可或缺的作用。

已有研究者对父亲参与教养进行了理论建构。Lamb（2004）定义了父亲参与教养的三维模型：投入（engagement）、可接近（accessibility）和责任（responsibility），其中投入又指互动（interaction），是父亲与孩子一对一进行活动时与孩子的直接接触；可接近是指父亲生理和心理上的在场，无论父子互动与否，但父亲在场陪伴的情况；责任包括为孩子提供资源，关心孩子的健康，承担抚养责任等。可以说，Lamb（2004）从结构维度对父亲参与教养做出了界定，在此基础上，也有研究者提出了更为广泛的父亲参与教养维度，即参与教养的"质"（质量）和"量"（数量）（Easterbrooks & Goldberg，1984；刘丽莎等，2013）。父亲参与教养的"数量"通常以父亲和孩子相处的时间作为衡量指标，父亲与孩子相处的时间包含父亲与孩子单纯相处的时间、一起玩耍的时间以及父亲参与照料活动的时间，三者共同组成父亲参与教养的时间，即教养的"数量"。父亲参与教养的"质量"可由亲子互动或教养方式／行为来界定（Easterbrooks & Goldberg，1984；Lamb，2010）。

父亲参与教养的直接作用

父亲参与教养状况与儿童发展的关系十分密切。一项针对 22 项父亲参与教养的元分析研究表明，父亲参与孩子教养的时间对儿童的社会、行为、心理和认知发展结果具有积极的影响（Sarkadi et al.，2008）。一方面，父亲参与教养的时间可能尤其与儿童的情绪行为相关。Amato 和 Rivera（1999）利用 1987—1988 年全国家庭调查（National Survey of Families and Households，简称 NSFH）项目中的 13017 个样本，考察了父亲参与教养时间与儿童问题行为之间的关系，结果发现父亲的参与时间与儿童的问题行为负相关，也就是说父亲参与教养时间越长，儿童的问题行为就会越少。Amato 等人指出，父亲和孩子相处的时间越长，投入的感情和资源就会越多，儿童在家庭和学校生活中出现的问题行为就会越少，社会能力发展也更好。

另一方面，父亲参与教养的质量也与儿童的发展结果密切相关。父亲高质量的教养与儿童的认知能力和社会情绪行为（Bronte-Tinkew et al.，2008；McBride et al.，2009；Sarkadi et al.，2008）等方面显著相关。Bronte-Tinkew 等人（2008）以美国早期儿童纵向研究—出生组（ECLS-B）项目中的 6270 例婴儿为样本进行研究，发现父亲的教养行为对儿童早期认知能力的影响主要体现在呀呀学语和对客体有目的地探索两个方面，家庭教养中父亲卷入度越高，儿童认知发展迟缓的可能性越低。McBride 等人（2009）对 390 名 2~5 岁的儿童研究发现，父亲与儿童一起游戏或参与儿童的学习生活对其学业成就有积极的辅助作用，尤其是当儿童出现学业困难、需要努力补救时，父亲教养行为的作用最大。Sarkadi 等人（2008）综述 24 项有关父亲教养行为和儿童发展间关系的纵向研究，也一致发现父亲与儿童积极、定期的接触活动能够提高儿童的认知能力，并降低男孩问题行为、女孩青少年期情绪困扰等心理问题的发生率。

从上述研究我们可以看到，父亲参与教养的质量与数量均与孩子的发展密切关联。也有研究者同时对父亲参与教养的数量和质量与儿童发展之间的关系进行了探讨。例如，Easterbrooks 和 Goldberg（1984）在研究中发现，无论父亲参与教养的时间还是教养行为（温暖、鼓励独立、严格和重责），都显著预测幼儿的适应性（包括问题决定情境中的依恋特性、情感和任务定向）。

针对父亲参与教养的质和量对儿童发展的作用，我国刘丽莎等人（2013）也开展了相关研究，通过对北京市 2 所公立幼儿园 184 名中班儿童及其父母的考察发现，当没有控制母亲教养行为时，父亲参与教养的时间及积极教养行为均显著预测儿童的社会技能。但当进一步控制母亲教养行为之后，父亲参与教养时间仍然显著预测儿童的社会技能，但父亲积极教养行为对儿童社会技能的预测作用不再显著。结果表明，父亲参与教养的质和量均与孩子的社会技能相关，但相比之下，母亲参与教养的质量与孩子的社会技能相关更紧密。这可能是因为在我国家庭中，母亲对年幼儿童的教养及作用仍占主导地位，父亲发挥着重要的辅佐功能。

这些研究表明，尽管母亲教养状况对儿童发展的影响可能仍然占据主要地位，但父亲参与教养的时间和行为对儿童的发展也很重要。无论父亲与孩子相处的时长，还是相处的质量，二者均衡兼顾，对于促进孩子的健康成长来说具有更重要的意义。

父亲参与教养的缓冲作用

一些研究曾指出，父母之间可以产生相互调节以缓解一方不利的因素对孩子发展的消极影响（Goodman & Gotlib，1999；Martin et al.，2010）。研究尤其发现了父亲对于母亲的独特调节效应，这种现象通常发生在母亲某方面状况不佳的情况下，此时父亲的积极状况能缓冲母亲对孩子的不利影响。研究者认为，父亲在这种特殊情形下表现出来的独特作用，意味着父亲在对孩子的影响作用中，可能依然处于从属地位，但是父亲却是母亲教养孩子的重要辅助者和支持源，父亲的这种影响效应也称父亲的缓冲器效应（Martin et al.，2010）。

已有许多研究揭示了父亲参与教养对母亲教养状况的调节作用，父亲参与教养的时间和积极教养能够缓冲母亲消极教养对孩子发展的不利影响。如研究揭示，父母参与教养的时间可以相互补偿，当母亲花更多时间从事工作时，父亲陪伴孩子的时间增加（Nielsen，2012），由此，父亲陪伴子女的时长能弥补母亲教养时长的不足。研究也发现父亲高水平的支持性教养可以对母亲低水平的支持性教养产生弥补作用，当母亲支持性水平低时，父亲高水平的支持性教养对儿童入学准备如学业成就和社会技能（Martin et al.，2010）的贡献最大。可见，父亲积极教养是母亲教养不利时的潜在保护性因素。

针对父亲参与教养的缓冲器效应，刘丽莎等人（2013）的研究验证了该模型假设，研究考察父亲参与教养的质（积极教养行为）和量（与孩子相处的时间）对母亲积极教养行为预测学前儿童社会技能的缓冲效应。结果显示，母亲积极教养水平较低时，父亲积极参与教养的质和量对儿童的社会技能发展具有一定缓冲或弥补作用。

总的来说，父亲的积极教养对于避免孩子受到母亲消极因素的危害十分必要，可以缓和母亲消极因素对儿童行为的不利影响。因此，我们应该多鼓励父亲参与儿童教养，充分发挥父亲积极教养的调节和保护作用，以保障儿童的健康成长。

五、家庭关系氛围

家庭关系氛围是指家庭成员间互动形成的人际关系和心理氛围，也称家庭精神环境，与家庭物质环境相对应。家庭氛围与儿童的身心健康息息相关。研究表明，家庭氛围为儿童的成长提供心理背景，温暖、和谐、互助的家庭氛围有利于幼儿身心发展，而家庭冲突、家庭关系冷淡、缺少支持将损害儿童的身心健康（Repetti et al.，2002）。

家庭成员之间的关系对于家庭氛围的构建十分重要，家庭氛围中夫妻关系和亲子关系是与儿童健康发展最紧密相关的两大关系氛围。研究表明，良好的家庭气氛，包括更高水平的家庭联结、更少的压力以及敏感的亲子关系互动，将提升儿童积极的社会情绪功能，包括更高的社会能力和更少的行为问题（Raikes & Thompson，2006）。同时，良好的家庭氛围是儿童应对风险因素或环境的重要的保护性因素，Burchinal 等人（2006）针对风险环境提出的三大保护因素来源中，将良好的亲子关系和夫妻关系作为家庭保护性因素。可见，家庭支持性环境能保证家庭成员之间更紧密的联结和积极的氛围，以有效地调节儿童所受风险因素的损害。

夫妻关系和亲子关系是家庭关系氛围中最重要的内容，其与儿童的健康成长和发展紧密相关。下面将分别从家庭中的夫妻关系和亲子关系两个角度阐述家庭氛围对于儿童早期发展的重要性。

1. 夫妻关系与儿童发展

夫妻关系是指"夫妻间的人际关系"，即夫妻在交往过程中形成的一种心理关系。家庭关系是以夫妻关系为基础建立起来的，夫妻关系的质量是影响家庭团结和睦的核心要素，对家庭生活起着举足轻重的作用。

在针对夫妻关系的研究中，研究者还对夫妻关系状况进行了多种界定。如一些学者把婚姻关系质量作为衡量夫妻关系整体情况的指标，一些学者则认为夫妻关系存在好和坏的二维状态，良好的夫妻关系表现为夫妻关系的亲密性，而不好的夫妻关系即夫妻的冲突性。当然，还有一种不良的夫妻关系为婚姻破裂。但不管如何区分，夫妻关系通过彼此来影响双方的心理状态以及整个家庭氛围，进而影响子女的发展。良好的关系有益于孩子的发展，不良的关系则可能损害孩子的身心健康。

父母作为子女最重要的教养者，其夫妻关系是维护家庭和谐与确保家庭生活质量的基石，被认为是家庭关系各个子系统中对子女影响最大的因素，对子女心理和行为的健康发展起重要作用。

婚姻质量是衡量夫妻关系是否良好的常用指标，通常指夫妻双方在婚姻生活中的和谐程度，它会影响到父母对孩子的态度和孩子的身心健康发展。研究表明，婚姻关系质量与儿童的社会情绪行为发展密切相关。高质量的婚姻关系会减少儿童的攻击、激进等外显行为问题，并与更少的儿童焦虑、恐惧和社交退缩等内隐行为问题相关（Ablow et al.，2009；O'Donnell et al.，2010）。可见，和谐融洽的婚姻关系能促进儿童良好的社会适应结果。

生活中，夫妻关系往往表现出具体的、特定的关系性质，如夫妻冲突、婚姻破裂等，这些不良的夫妻关系若长期存在，将会对儿童的成长造成一定的影响。夫妻冲突是婚姻中最经常遇到的问题，它是指在夫妻相处的过程中，由于观念分歧而引起的夫妻间言语或身体上的争执，几乎在所有夫妻关系中均存在不同程度的冲突。大量研究表明，夫妻冲突可能会导致儿童攻击、违纪等外显问题，焦虑、抑郁倾向等内隐问题的出现，以及同伴冲突、学业成绩落后等诸多不良的适应问题（Lindsey et al.，2009；McCoy et al.，2013）。夫妻长期冲突可能最终导致婚姻破裂。研究发现，婚姻破裂严重影响儿童的社会适应，Kelly 和 Adger（2000）指出父母离异会对儿童的社会适应造成负面影响，儿童如果无法应对父母关系的破裂，将会变得不快乐，也更容易变得恐惧和焦虑。

总而言之，作为家庭成员之间关系的子系统，良好的夫妻关系对孩子的发展十分重要，其为儿童的早期健康发展提供了和谐融洽的家庭氛围。不仅如此，父母双方的良性互动还为儿童的发展提供榜样示范，在潜移默化中影响着孩子的身心发展。因此，要重视对整个家庭氛围的构建。在家庭中，父亲与母亲相处良好，能为孩子提供有利于其身心发展的环境，从而使儿童的各项能力得到充分的发展。而如果一个家庭中父母关系不和，经常吵架甚至打架，孩子则可能身心疲惫、自卑、情感压抑、不善于与他人交往，甚至出现打架、反社会行为等严重的问题行为。因此，为儿童提供一个健康温馨的家庭，有利于儿童的健康成长。父母可以用自己良好的言行和修养言传身教，使他们成长为一个乐观向上、积极开朗的儿童。

2. 亲子关系与儿童发展

亲子关系指的是父母与子女之间的相互关系。它是个体建立的第一个人际关系，对每个人的身心健康都十分重要。美国心理学家 Steinberg（2007）曾说："家庭中其他因素对儿童适应性发展的重要性没有一个高过亲子关系质量。"布朗芬·布伦纳的生态系统理论也强调，儿童与早期看护者的关系在儿童的发展中扮演了重要角色（Bronfenbrenner，1979）。良好的亲子关系有利于儿童习得各种基本知识、技能、价值观以及与人交流和沟通必需的社会交往技能。

在针对亲子关系的研究中，研究者根据亲子关系的主体和质量的不同，对亲子关系进行了不同的划分。按照亲子关系的主体，亲子关系可以划分为母子关系和父子关系。母子关系是儿童发展中最先建立的，也是最重要的人际关系，对儿童早期的发展有主导作用。父亲虽然在儿童最初养育中的介入低于母亲，但在儿童成长中起着把他们引向外部世界的作用。父亲能够向儿童传递社会规范和社会价值，对儿童的社会道德规范的学习和社会技能的发展负有重要的责任，因此父子关系对儿童的发展也有重要影响。

根据亲子关系质量的好坏，也可以将其划分为亲子关系的亲密性和冲突性（张晓等，2008）。亲子关系的亲密性是亲子之间亲密的情感联结，通常与父母亲对孩子的情感支持联系在一起，如父母和孩子之间的温暖、亲密和支持等；亲子关系的冲突性，指亲子双方表达出来的不一致，通常与父母亲对儿童的惩罚联系在一起，是父母和孩子之间消极的、不和谐的关系。研究表明，亲密、支持的亲子关系通常与儿童积极的发展结果相关，而消极、冲突的亲子关系与儿童消极发展结果相关（Bus & van IJzendoorn，1997；Xu et al.，2018；Zhang，2013；李燕芳等，2015；李燕芳等，2014）。

亲子关系对孩子发展的影响从婴幼儿早期便开始，早期的亲子关系被称为依恋关系。婴儿出生 6 个月以后开始跟抚养者（父母或其他看护人）建立起依恋关系，这是一种抚养者与孩子之间形成的亲密的感情联结，伴随着儿童的整个童年，直至成年。依恋 / 亲子关系是儿童成长中重要的社会关系，它对儿童身心发展和社会适应具有长远、深刻的影响。研究指出，亲子关系对儿童的认知能力、情绪 / 情感、社会技能等的发展都非常重要（Pianta et al.，1997）。O'Connor 和 McCartney（2007）通过对 NICHD-SECCYD 项目中 1364 名儿童的研究发现，早期不安全的母子依恋对儿童小学一年级时的认知能力发展不利。Groh 等人（2014）通过对 80 个研究的元分析考察早期亲子依恋关系与儿童社会技能的关系，结果表明安全依恋与儿童的社会能力显著相关（$r = 0.39$），且该相关关系不受儿童年龄（12~168 个月龄）的影响。此外，Groh 等人（2012）对 42 个有关亲子依恋与内化问题行为关系的研究和 Fearon 等人（2010）对 69 个有关亲子依恋与外化问题行为关系的研究进行元分析，结果显示，早期不安全的亲子依恋将增加儿童出现内化问题行为（$d = 0.15$）和外化问题行为（$d = 0.31$）的风险。

基于亲子关系与儿童发展的密切联系，已有研究者开展了更深入的探讨，特别是父母性别和儿童性别构成的不同关系是否对儿童的发展存在特异影响。对此，本书总结了以下三个方面的相关研究。

母子关系、父子关系对儿童发展的不同影响

母亲是儿童的第一抚养人，母子关系是儿童发展中最先建立的，也是最重要的人际关系，对儿童早期的发展有主导作用。良好的母子关系能够

为儿童的发展提供"脚手架"功能与情感支持，促进儿童的发展。已有大量国内外研究发现，儿童早期的母子关系对他们的社会适应有重要作用。例如，Iruka 等人（2010）对 163 名美国学前儿童的母子关系和社会技能进行考察，发现母子关系的亲密性显著正向预测儿童的社会技能，而母子关系的冲突性显著负向预测儿童的社会技能。张晓（2013）进行了一项早期儿童人际关系的追踪研究，也发现了母子关系对早期儿童社会适应的重要影响，良好的母子关系（高亲密性、低冲突性）能够促进儿童良好社会技能的发展，冲突性较高的母子关系会使儿童有更多的攻击、违纪等外化问题行为和焦虑、退缩等内化问题行为（Zhang，2013b）。

父亲虽然在儿童最初养育中的介入低于母亲，但越来越多的研究发现父子关系与儿童社会适应也密切相关。社会认知观点认为父亲通过示范影响儿童的社会适应能力，与儿童有温暖和直接互动的父亲，能够为儿童提供如何解决人际冲突和问题的示范，儿童在其中学习和练习社会技能；相反，敌对和攻击的父亲会为儿童提供一个不良示范，使儿童习得处理社会问题的不良方式（Zhang，2013b）。研究表明，父子关系的亲密性能够促进儿童早期社会技能、自我管理能力和同伴交往能力的发展（Zhang，2013b），而与父亲有更多冲突的儿童会表现出更多的外化问题行为，如攻击和违纪行为（张晓等，2008）。

由于父母在养育儿童中扮演的角色和卷入程度的不同，母子关系和父子关系的状况也存在差异。研究表明，相比于父亲，母亲与孩子有更高的亲密性和冲突性（Maccoby，1998；Lovas，2005）。这是由于日常生活中母亲对儿童有更多的敏感性和响应性，这使得母亲与儿童之间有更多的情感联结，因而与他们的关系也更亲密。同时，在实际生活中，由于母亲与儿童相处时间更长，儿童也更容易与母亲产生冲突（Driscoll & Pianta，

2011）。徐良苑等人（2018）对北京市 79 所幼儿园的 2638 名 31~77 个月的学前儿童的研究发现，母亲与男、女儿童关系的亲密性和冲突性均高于父亲（Xu et al.，2018）。

母子关系和父子关系对儿童社会适应的影响可能不同。有研究发现，母子关系对儿童社会适应的影响要大于父子关系，如张晓等人（2008）对 81 名 3 岁幼儿的父母进行了历时两年的追踪考察发现，相比于父子关系亲密性，母子关系亲密性对儿童的退缩和攻击等问题行为的影响更大。徐良苑等人（2018）对学前儿童的研究也发现，母子关系对男、女儿童社会适应的影响大于父子关系（Xu et al.，2018）。但也有研究发现，父子关系对儿童社会适应的影响更大，如 Carson 和 Parke（1996）对 41 名 4~5 岁儿童的亲子互动和同伴交往进行考察，发现父子关系对儿童在同伴交往中的攻击和回避行为的影响要高于母子关系。尽管如此，以往研究大部分更支持母子关系对儿童社会技能发展的影响更大，如 Groh 等人（2014）对 80 个早期亲子依恋关系与儿童社会技能之间关系的研究进行元分析发现，母子安全依恋比父子安全依恋对儿童社会技能的预测作用更强。

亲子关系对不同性别儿童的影响不同

在传统观念的影响下，家长对男孩和女孩的日常行为和未来发展的定位不一样，导致他们在养育男女孩的过程中会采用不同的方式，且对男孩和女孩的要求也不同。例如，父亲与男孩的互动中可能涉及更多的身体活动，而与女孩的互动中则会更加安静（Lamb，2004）；母亲对男孩的养育可能更加纵容，而对女孩的养育可能要求更多（Shek，2000）。Steinberg（1990）也指出父亲和母亲会根据儿童的性别与儿童建立不同的亲子关系，这种不同的关系对男孩和女孩的影响也存在着差异。总结以往研究，研究者发现在针对母子、父子关系的儿童性别差异研究中，存在"同性别现象"

（Same-sex Phenomenon）和"异性别现象"（Opposite-sex Phenomenon）
（Russell & Saebel，1997）。

"同性别现象"是指同性别亲子对（Same-sex Dyads；即母—女、父—子）之间的互动时间更多，关系更加密切，亲子关系对同性别儿童的影响也更大。该观点主要来自社会学习理论（Social Learning Theory；Bandura，1977），该理论认为个体通过模仿和观察学习来获得性别角色及习得适应行为，儿童会更加注意同性别父母的行为模式，通过效仿同性别父母的行为获得恰当的行为方式，将同性别父母的行为作为模板，与同性别父母有更多的相似性。Bronte-Tinkew 等人（2006）对 NLSY 项目 5345 名儿童的研究表明，积极的父子关系显著减少儿童的风险行为，如违纪行为、物质滥用等，且这种影响在男孩身上更加明显。

"异性别现象"是指异性别亲子对（Opposite-sex Dyads；即母—子、父—女）之间的关系更加密切，亲子关系对异性别儿童的影响也更大。根据精神分析理论，处在心理发展性器期的儿童（3~5 岁），男孩会体验到俄狄浦斯情结（Oedipus Complex），更加喜欢他们的母亲；女孩会体验到厄勒克特拉情结（Electra Complex），更加喜欢她们的父亲。在此阶段的儿童会对她们的异性别父母有更多的喜爱，更愿意与他们形成亲密的关系。事实上，也有研究者发现母亲与儿子关系更加紧密和热烈（Rowland & Thomas，1996）；父亲卷入女儿教养的程度更高，对女儿投入更多的陪伴时间（Ishii-Kuntz，1994）。同样地，异性别亲子关系对异性别儿童的影响可能也会更大（Russell & Saebel，1997）。

徐良苑等人（2018）考察了亲子关系中的同性别现象和异性别现象，研究以北京市 1366 名 31~77 个月的儿童为被试，从社会技能和内向、外向问题行为方面考察儿童的社会适应，从亲密性和冲突性两个方面考察儿童与父亲和母亲的关系。研究结果支持同性别现象（见图 3-6），即相比于儿子，母亲与女儿的亲密性更高，同样，父亲与儿子的亲密性也更高（Xu et al.，2018）。

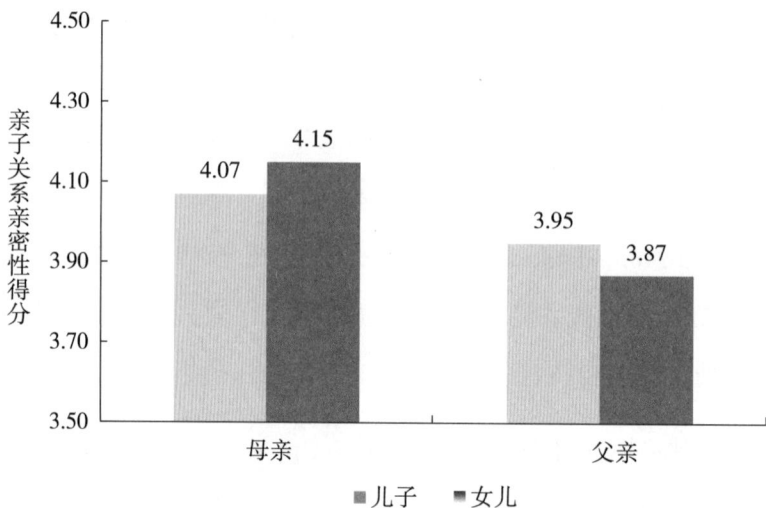

图 3-6 亲子关系亲密性上的同性别现象
（Xu et al.，2018）

此外，研究进一步发现，在亲子关系对儿童社会适应的影响方面，研究结果也再次支持同性别现象，即母子关系亲密性能够显著正向预测女孩的社会技能，负向预测女孩的内向和外向问题行为；父子关系冲突性能够显著负向预测男孩的社会技能，正向预测男孩的内向问题行为。这表明母子关系对女孩的社会适应有更加积极的影响，而父子关系冲突性对男孩的社会适应有更加消极的影响。

上述研究发现与班杜拉的社会学习理论中有关性别发展的内容相一致。社会学习理论认为儿童的社会行为主要是通过学习他们同性别父母的行为而习得的，因此同性别父母是儿童获得社会规范的主要榜样（Bandura，

1977）。在中国传统中，父母对于男孩和女孩有着不同的期望，比如期望女儿能够像母亲一样温柔和优雅，期望儿子能够像父亲一样独立和强壮。父亲和母亲也会在与儿童的日常互动中把这种期望传递给儿童，从而影响儿童的社会技能发展。

母子关系和父子关系的交互作用对儿童的影响

家庭系统理论（Family Systems Theory）认为家庭中每个成员之间都是相互作用的，因此家庭成员间的关系也存在着相互影响（Kerr，1981）。基于这些观点，研究者对多重关系作用于儿童发展的机制提出了交互性假说（Interactive Hypothesis），即认为多重关系对儿童的贡献并不是相互独立的，一种关系的影响要视其他关系的性质而定（张晓，陈会昌，2008）。这种假说推及母子和父子关系的交互作用对儿童的影响上，即母子关系对儿童的作用受到父子关系的影响，同样父子关系对儿童的作用也受到母子关系的影响。McElwain 等人（2007）将母子和父子关系的交互作用总结为三种作用模型：累加模型（Additive Effect Model）、缓冲模型（Buffering Effect Model）和分歧模型（Divergence Effect Model）。

"累加模型"是指母亲和父亲与儿童的关系共同叠加影响儿童的发展。一方面，良好母子关系和父子关系的积极影响可以累积，使儿童获得更好的发展；另一方面，不良母子关系和父子关系的消极影响也可以叠加，对儿童产生更加不利的影响。例如，Boldt 等人（2014）对 100 名 25 个月儿童的亲子依恋关系和社会适应状况进行考察，发现与母亲有安全依恋关系的儿童，当其与父亲也有安全依恋关系时，儿童有更少的问题行为和更好的学校适应能力，这也证明了与母亲和父亲均有良好依恋关系能够使儿童有更好的社会适应。

"缓冲模型"是指儿童与父母一方的良好亲子关系能够缓冲其与另一方

的消极亲子关系的不利影响。例如，中国研究者也在父子和母子关系交互作用中验证了这种模型，赵金霞（2012）考察了 472 名三年级学生的亲子依恋关系对儿童焦虑的影响，并发现安全型父子依恋可以有效缓解不安全母子依恋对儿童焦虑的消极影响。

"分歧模型"是指父子关系和母子关系质量的不一致反而能够促进儿童的发展。例如，McElwain 等人（2007）考察了 49 名 3~5 岁儿童的父母在儿童表现出消极情感时对儿童的支持对其友谊质量的影响，并发现父亲和母亲对儿童的消极情感均表现出较高的支持时，儿童的友谊质量反而会低于父母一方支持较高，另一方支持较低的儿童，说明父母对儿童消极情感反应的不一致会促进儿童的友谊质量发展。

针对母子关系和父子关系的交互作用模型的类型，徐良苑（2016）的研究通过对 2638 名 3~6 岁儿童及其父母的考察，发现了母子关系和父子关系交互作用的累加模型和缓冲模型。累加模型体现在，当父母与儿童关系冲突性均高的情况下，男女儿童的外向问题行为得分均最高（图 3-7）。

研究发现的缓冲模型体现在母子关系亲密性可以缓解父子关系冲突性对男、女儿童社会技能的不良影响，即母子关系亲密性越高，父子关系冲突性对男女儿童社会技能的不良影响均有所减轻。在对问题行为的影响上也发现了缓冲作用，即母子关系越亲密，父子关系冲突性对男孩内、外向问题行为的不良影响越低。另外，对父子关系亲密性高的女孩来说，母子关系冲突性对其内向问题行为的不良影响也要低（图 3-8）。

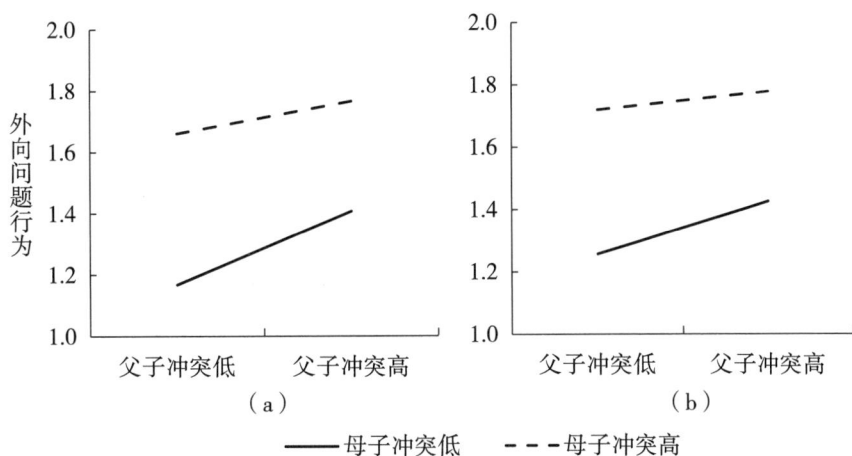

图 3-7 母子关系冲突性和父子关系冲突性的交互项
对男、女儿童外向问题行为的预测
（徐良苑，2016）

注：图（a）为交互作用在男孩上的表现，图（b）为交互作用在女孩上的表现。

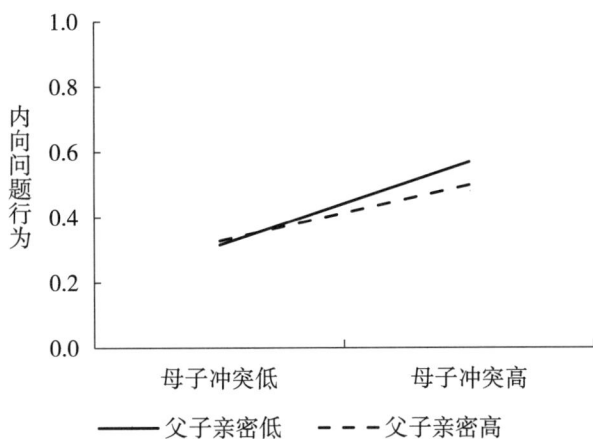

图 3-8 母子关系冲突性与父子关系亲密性的交互项
对女孩内向问题行为的预测
（徐良苑，2016）

　　徐良苑（2016）关于亲子关系的缓冲模型的研究发现与以往有关亲子依恋的研究结果相一致，儿童与父母一方的安全依恋关系能够作为保护因素，缓解儿童与父母另一方的不安全依恋对儿童的不良影响。这启示我们在家庭中，如果父母一方与儿童有较多的冲突时，父母另一方不应该袖手旁观，更不应该也与儿童产生冲突，而是应该给儿童更多的温暖和关爱，使儿童能够有更好的社会适应。

综上，亲子关系与儿童的认知发展、社会行为及情绪情感的发展均密切相关，且母子关系、父子关系对不同性别儿童的发展具有不同的作用。但总的来看，亲子关系对儿童早期社会适应具有重大影响，良好的亲子关系能够为早期儿童探索环境以及与他人互动提供安全的基础，尤其是在儿童人际关系较为匮乏、对人际关系较为敏感的早期阶段，亲子依恋联结的建立，对儿童社会适应的影响就显得尤为重要。

在家庭这一社会子系统中，婚姻关系、养育活动和儿童的发展都处在一个共同的关系体中，任何一方都会影响另一方。因此，夫妻关系和亲子关系作为该子系统中两大关系系统，对儿童的影响尽管各不相同，但是都对儿童的认知发展、社会情绪/情感及行为发展等产生重要影响，尤其在儿童早期的社会化和适应方面。这启示我们，为了儿童的健康成长和社会适应，家庭成员有必要共同努力、相互理解、相互沟通，营造适宜儿童发展的良好的家庭环境氛围。

第 4 讲

幼儿园：孩子的第一个"小社会"

根据前文中所提到的布朗芬·布伦纳的生态系统理论的观点，在学前教育阶段，幼儿园作为儿童生存的微观环境系统之一，对儿童早期发展有着十分重要的影响。幼儿的一日生活大部分在幼儿园度过，与教师、同伴等的接触也最密切，因此，幼儿园是对儿童发展有直接的、深远影响的环境系统。

越来越多的研究者和政府机构通过大规模的研究和深入的实践检验证实了学前教育的重要性。"学生能力国际评估计划"（Programme for International Student Assessment，简称 PISA）2003 年、2009 年、2012 年的评估数据都表明，接受了学前教育的学生比没有接受学前教育的学生在 15 岁时的阅读成绩要好，并且接受了一年以上学前教育的学生成绩要好于低于一年的，如图 4-1 所示（OECD，2018）。这说明参与学前教育能够促进儿童后续的学校表现，学前教育的影响是长远和积极的。

一些国家范围的早期研究项目，如美国"早期儿童纵向研究项目"（ECLS）、美国"早期儿童抚养与发展项目"（SECCYD），以及英国"有效学前教育项目"（EPPE）等，也都一致地发现学前教育能使儿童受益，能缩小学龄前儿童个体之间的能力差异，为来自不同家庭背景和有不同特点的儿童的未来发展奠定基础。另有针对学前教育的干预项目，如美国的"佩里学前教育项目"（Perry Preschool Program Study），通过对两组孩子

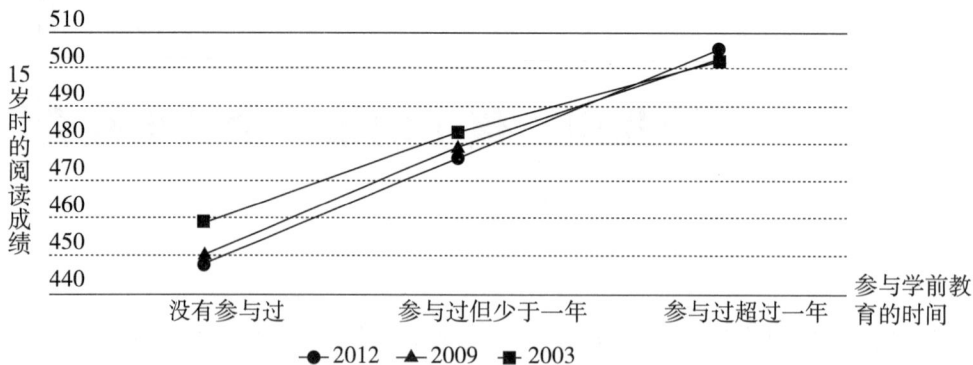

图 4-1　参与学前项目与未参与学前教育儿童在 15 岁时的阅读成绩
（OECD，2018）

（其中一组参与了两年的学前教育，而另一组没有参与学前教育）进行多年的追踪，对学前教育的效果进行了研究，结果发现，参与了学前教育的孩子在高中毕业时的成绩要好于没有参与学前教育的孩子，并且在 40 岁时，参与了学前教育的成人生活状况要好于没有参与过学前教育的成人（Schweinhart et al.，2005，见图 4-2），可见学前教育对人的一生都影响深远。

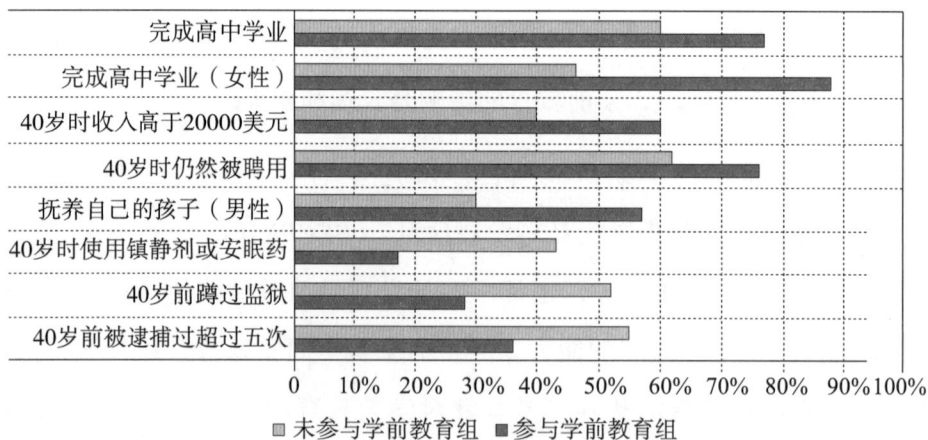

图 4-2　参与学前教育与未参与学前教育儿童的发展差异
（OECD，2018）

具体来看，在幼儿园环境中，幼儿园的心理环境（Preschool Psychological Environment）是影响儿童发展的"灵魂"，包括儿童在幼儿园的受教育经历、教师的教育观念和行为、师生关系、同伴关系等。以往许多研究都证明了这些方面对儿童早期发展的重要作用。

一、学前教育经历

学前教育作为儿童首次接受的正规教育，对儿童的早期发展具有重要影响，对其以后进入小学的适应也有深远影响。优质的学前教育经历可以为儿童的良好发展奠定坚实的基础。近年来，学前教育在世界各国备受关注，政府日益重视并逐渐加强支持力度，学前教育作为面向 3~6 岁儿童群体的教育形式，被视为培养儿童学习能力、提高社会情感能力、减少贫困代际传递和促进社会公平，甚至是增强国际竞争力的重要方式。具体到学前教育的经历上，儿童接受学前教育的起始年龄与持续时间作为重要衡量指标，近年来得到了大量研究者的关注。

1. 接受学前教育的起始年龄与儿童发展

曾有研究指出幼儿园里年龄最小的儿童入小学后的学业成就往往落后于其他同伴（Shepard & Smith，1989）。那么针对究竟几岁开始接受学前教育对儿童发展最有利，研究者们开展了一系列研究。

有研究表明，进入学前教育机构越早越好。例如，美国一项早期儿童发展项目——"开端计划项目"（Head Start）的研究结果表明，相比于 4 岁才开始参加该项目的儿童，3 岁开始接受开端计划项目的儿童，在早期语言和数学能力发展方面获益更多。Sylva 等人（2004）在英国"有效学前教育项目"（EPPE）中对 3~7 岁的 3000 名儿童进行研究，结果发现在 3 岁以前，儿童进入幼儿园的年龄越早，智力水平发展得越好，同时也表现出更好的同伴技能。

但也有研究者认为，并不是越早接受学前教育对儿童发展越有利，他们提出儿童在适当的年龄进入幼儿园对其语言和数学能力的发展有积极的影响作用。Hickman（2006）利用"美国早期儿童纵向研究—幼儿园项目"（ECLS-K）中的 10699 名儿童的数据，深入探讨了儿童接受学前教育的起始年龄问题，发现接受学前教育的起始年龄对儿童语言和数学能力发展有着独特的影响，过早接受学前教育的儿童的阅读和数学成就都显著低于按规定年龄进入幼儿园的儿童，甚至低于接受学前教育较迟的儿童，这种落后的趋势持续到整个幼儿园阶段，并且随着年级升高而增大（见图 4-3、图 4-4）。同时，适龄入学对于儿童的社会情绪行为方面也有积极的影响。Han 等人（2001）对"美国青少年纵向研究项目（NLSY）"中的 12686 名母亲和儿童进行研究，发现越早进入学前教育中心，儿童出现负面社会情绪问题的可能性就越大，其中包括儿童在学前教育中心和进入小学后出现的破坏和攻击行为等也越多。当然，对于那些进入幼儿园较晚的儿童，其不良的情绪行为也更多，Colwell 与他的同事对 438 名儿童从婴儿期追踪到青少年早期，发现 4 岁后才进入学前教育中心的儿童也会表现出更多的不良情绪行为（Colwell et al., 2001）。这些研究共同证明了在合适的年龄进入学前教育机构，相比过早或过晚地接受学前教育对儿童各方面发展有积极的作用。

我国的研究者也开展了关于接受学前教育起始年龄与儿童发展的研究，比如，研究者发现，较早接受学前教育的儿童比较晚接受学前教育的儿童发展更好。有研究者（Zhang，2017）采用中国教育追踪调查项目（China Education Panel Survey，简称 CEPS）的数据，研究入园起始年龄对儿童上中学时认知方面发展的影响，发现 3~5 岁进入幼儿园的儿童，他们在中学时认知方面的发展要好于 5 岁以后进入幼儿园的儿童。

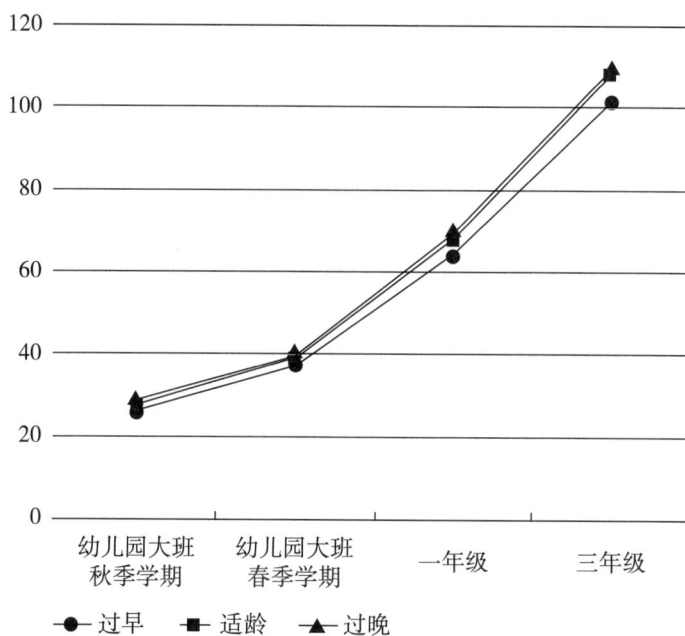

图 4-3 进入幼儿园时间不同的儿童的语言能力发展过程
（Hickman，2006）

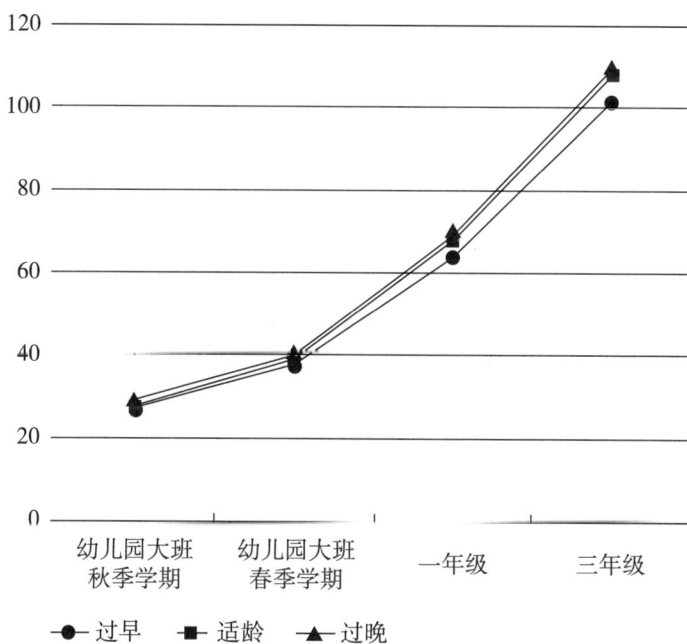

图 4-4 进入幼儿园时间不同的儿童的数学能力发展过程
（Hickman，2006）

　　我国研究者也提出了适龄入园的观点，张佳慧、辛涛和陈学峰（2011）以 1391 名 4 岁儿童为被试，追踪测查儿童的认知能力发展，结果发现儿童接受学前教育的起始年龄与 4 岁儿童认知能力的关系并不是线性的，而是呈倒 U 型。即 3.5 岁以后入园的儿童 4 岁时的认知能力低于 3.5 岁之前入园的儿童，而 2 岁之前入园的儿童，他们的认知能力也低于 2~3.5 岁入园的儿童。李燕芳等人也针对接受学前教育的起始年龄对学前儿童发展的影响进行了研究，研究以北京市 342 名平均年龄为 60.45 个月的中班儿童为被试，考察接受学前教育的起始年龄对儿童语言和数学认知能力、问题行为的影响，研究结果发现，25~36 个月入园的儿童的语言和数学认知能力显著高于 24 个月之前入园的儿童和 36 个月之后入园的儿童。而在问题行为方面，24 个月之前入园的儿童表现出最多的问题行为，36 个月后入园的儿童问题行为较少（Li et al.，2014），如图 4-5 所示。此研究结果进一步表明儿童在一个适宜的年龄开始接受学前教育，而不是更早或更晚对儿童早期各方面发展最有利。

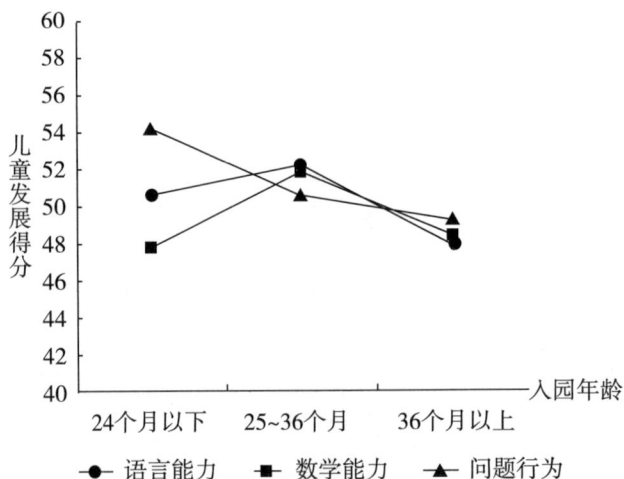

图 4-5　接受学前教育的起始年龄对儿童语言、数学和问题行为的影响
（Li et al.，2014）

2. 接受学前教育的持续时间与儿童发展

那是否接受学前教育的时间越长越好呢？美国国家儿童健康与人类发展研究所开展的"美国早期儿童抚养与发展项目"（简称 SECCYD）对儿童每周接受学前教育的时间对儿童发展的影响进行研究。这项研究追踪了美国 10 个地区 1364 名儿童从出生到九年级的发展状况，研究发现儿童 3 岁时平均每周在园时间为 34.4 小时，其中 52% 的儿童每周在幼儿园时间超过 30 小时。进一步研究还发现每周在园时间越长，儿童的认知能力和语言能力发展得越好（Magnuson et al.，2007）。Loeb 等人（2007）的研究采用美国"早期儿童纵向研究——幼儿园项目"（ECLS-K）的数据，发现在控制了家庭因素和其他一些背景变量后，每周接受学前教育的时间在 15 小时以上有助于儿童认知能力的发展。也有研究者发现全日制（Full-day Kindergarten）和半日制（Part-day Kindergarten）幼儿园对儿童学业成就的影响不同，如 Votruba-Drzal 等人（2008）的研究发现参加全日制幼儿园的儿童，其阅读和数学成就高于参加半日制幼儿园的儿童。Sylva 等人（2004）基于英国"有效学前教育项目"（EPPE）的研究也验证了这一结果。除此之外，接受学前教育的时间还包括在学前教育中心的总时间。Domitrovich 等人（2013）的研究发现，接受两年学前教育的儿童的语言和数学能力要好于只接受了一年的儿童。国际学生评估项目对儿童参与早期教育与养育项目（如幼儿园、保育机构等）的时长对儿童在 15 岁时的成绩的影响进行了研究，发现儿童在早期接受的学前教育时间越长，他们在 15 岁时的阅读、科学和数学成绩越好（OECD，2018），如图 4-6 所示。

同样，研究者发现接受学前教育的时长也会对儿童的问题行为产生影响，但与认知与语言能力不同的是，研究者较为一致地发现每周在园时间

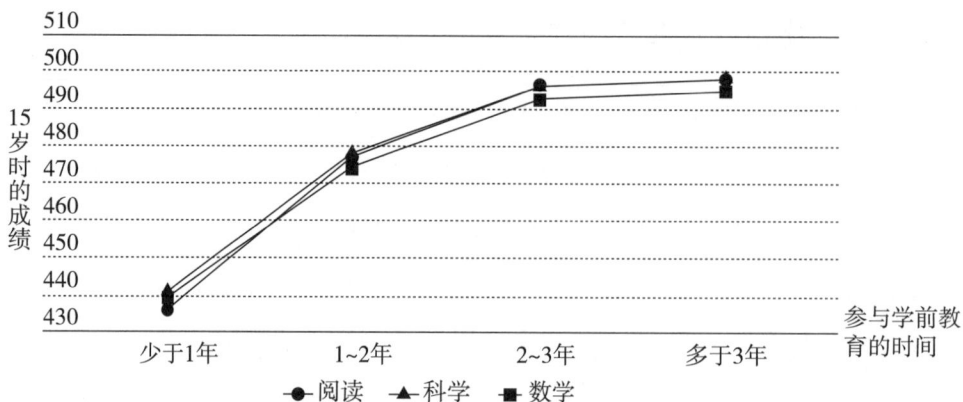

图 4-6　接受学前教育年份不同的儿童在 15 岁时的学业成就
（OECD，2018）

越长或在幼儿园的总时间越长，儿童会出现更多的问题行为，包括更多的攻击行为、更低的冲动控制能力等（Bates et al.，1994；Nichd Eccrn，2003）。

Loeb 等人（2007）的研究发现，儿童每周接受学前教育的时间在 15 小时以上会增加其出现问题行为的概率。Belsky（2002）利用美国国家儿童健康与人类发展研究所的"早期儿童养育项目"（NICHD Study of Early Child Care）的数据发现，儿童每周在园时间与其外在问题行为之间存在正相关关系。这可能由于儿童在园时间越长，与父母分离的时间就越长，由于分离焦虑等情绪的困扰引起问题行为的增多。这也提醒家长，儿童在园时间并不是越长越好，父母也需要多陪伴孩子，给予孩子更多的情感关爱。

国内研究者也对这一问题进行了考察。如李燕芳等人的研究考察了儿童接受学前教育的持续时间对其数学和语言认知能力、问题行为的影响（Li et al.，2014）。结果如图 4-7 所示，每周在园时间长于 45 个小时的儿童在数学和语言能力上的表现好于在园时间小于 45 个小时的儿童，同时他们也会表现出更多的问题行为，而每周在园时间为 41~45 个小时的儿童的学业能力略差于每周在园时间长于 45 个小时的儿童，但问题行为也较少。这表明，在园时间越长，确实能够使儿童在学业方面有更好的表现，但同时也导致了更多的问题行为。我国目前正处于经济高速发展期，父母每天工作时间都在 8~9 小时，因此大多数儿童每周在园时间都在 40 小时左右，这在一定程度上弥补了由于父母忙于工作缺少时间教养而对儿童带来的不良影响，在促进儿童早期认知能力发展方面表现出了积极作用。这也说明儿童接受学前教育的持续时间并不是越长越好，儿童在幼儿园中的时间应该适度。

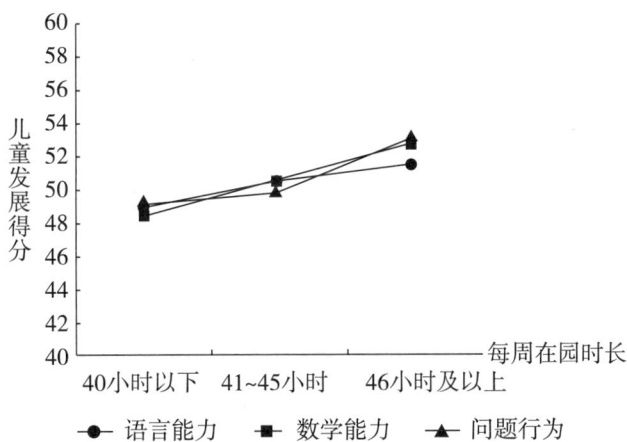

图 4-7 儿童每周在园时间对儿童语言、数学和问题行为的影响
（Li et al.，2014）

结合儿童应该适龄入园、在园时长适度等研究结果，研究者提出学前教育经验对儿童的影响不是累加的，而是存在类似于药物的"剂量效应"（Dosage Effect），即儿童接受一定量的幼儿园教育有利于促进其认知水平的

发展，但并不是入园越早或在园时间越长获益更大。因此，教育者和家长应慎重考虑入园年龄，确定在园安排，保证孩子适龄入园，并规律性地参与幼儿园活动，以促进孩子在认知和社会情绪方面的健康发展。

此外，学前教育经验对不同群体儿童的影响作用也有所不同。已有研究普遍发现，学前教育经历对于一些处境不利儿童（如家庭社会经济地位低的儿童）的积极影响更大，甚至发挥着保护作用。李燕芳等人的研究探讨了学前教育经验对来自不同社会经济地位家庭的儿童发展的影响（Li et al.，2014）。研究发现，儿童接受学前教育的起始年龄和持续时间对家庭收入和父母受教育水平低的儿童的数学能力的积极作用更大，而对于家庭收入和父母受教育水平高的儿童，其影响并不显著（图 4-8）。这说明对于家庭收入低和父母受教育水平低的儿童而言，接受学前教育的起始年龄越小，数学成就越好；在园时间越长，数学成就越高。这可能是由于幼儿园提供的学前教育一定程度上弥补了由于家庭贫困、缺乏丰富的学习资源和良好的教育环境而给儿童早期认知能力发展带来的不良影响。这也与 Bradley 等人（2001）发现的低社会经济地位儿童从学前教育中获益更多的结果相一致。由此也说明了对于家庭学习环境差的家庭来说，幼儿园提供的更好的学习机会为其提供了免于受不利环境影响的保护。因此，学前教育需要重视儿童的个体特征和家庭背景的不同，创设最佳的教育环境以满足不同群体儿童发展的需要；家长也要结合家庭环境特征、自身教育能力等为孩子选择适宜的学前教育。

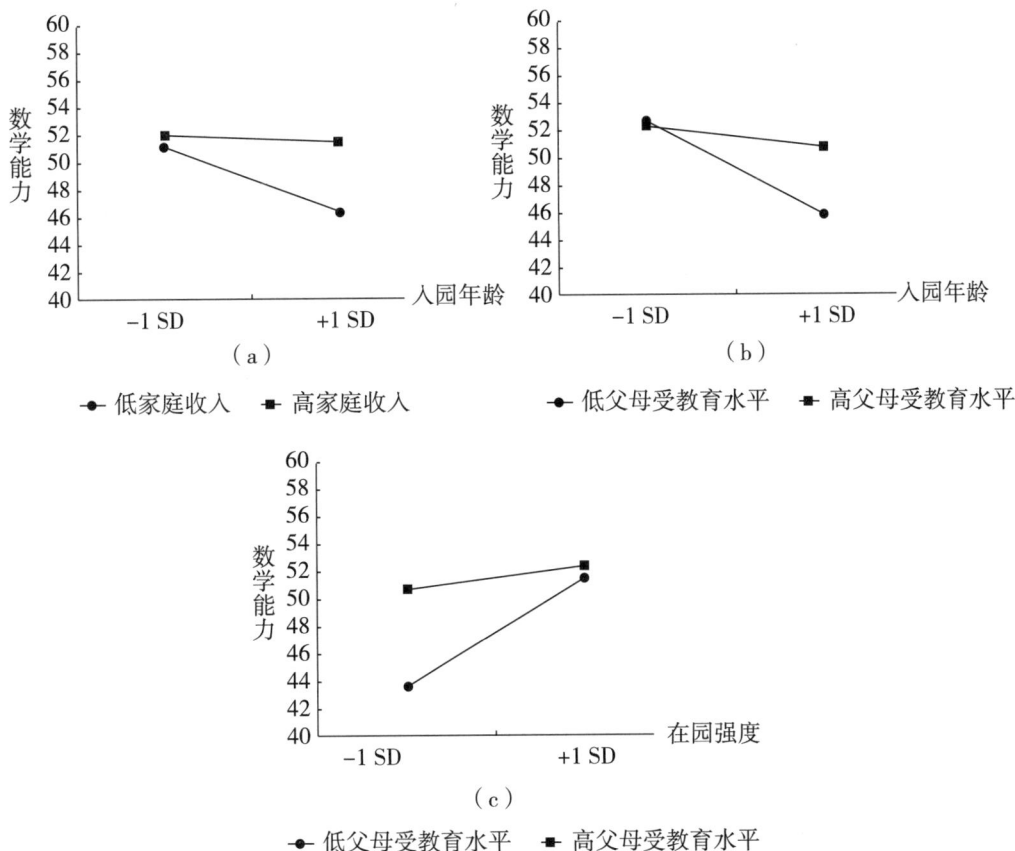

图 4-8　接受学前教育的起始年龄和持续时间对
来自不同社会经济地位家庭的儿童的数学能力的影响
（Li et al., 2014）

二、教师教育观念和行为

教师作为幼儿园教育中的重要角色，是影响儿童发展与教育的重要因素。美国教育心理学家 Lee S.Shulman 提出，教师专业知识结构的核心是学科教学知识（pedagogical content knowledge，简称 PCK），掌握了学科教育知识的教师，将学科内容转化和表征为有教学意义的行为，从而使其适合于不同水平和背景的学生。学科教学知识具有观念性特征和实践性特征，分别对应教师的教育观念和教育行为。因此要提高教师的素质，特别需要改善教师的教育观念和教育行为。

1. 教师教育观念与儿童早期发展

教师教育观念是指教师基于对儿童发展和教育的认识而形成的基本观念和看法。作为一种认识和理念，教育观念是教师进行教育的内在依据和基础。良好的教师观念能够对学生的学业成就产生积极的影响。Burts 等人（1992）的研究也发现采用正确教育观念的幼儿园教师教授的儿童在一年级时的阅读成绩要高于教育观念不正确的教师教授的儿童。此外，教师的教育观念不仅能够直接影响儿童的学业成绩，而且也能够影响儿童与学业相关的发展变量。比如 Burts 等人（1992）考察了儿童在班级中的压力和教师观念的关系，结果发现在教师教育观念正确的班级，儿童的压力要小于教师教育观念不正确的班级。Van Uden 等人（2014）的研究也发现教师的教育观念能够影响儿童的学校参与度，教师教育观念越积极，儿童的学校参与度越高。

2. 教师教育行为与儿童早期发展

教师的教育行为是教师在实际教育中表现的行为、教育方法、措施与手段的总和。教师的教育行为会直接影响儿童的发展。研究发现，教师的良好示范、对学生适当的回应、恰当的反馈等行为，不仅能够直接影响儿童的认知能力，还能够影响儿童的学校参与和学习动机（Harbour et al.，2015）。教师对儿童的鼓励和帮助越多，消极评价越少，儿童在英语学习中的内在动机和外在动机就越强（李燕芳等，2010）。教师的教育行为还对儿童的发展有长期的影响，比如 Schweinhart 和 Weikart（1997）的研究对儿童的学前教育中教师的教育行为进行了考察，并对他们在 23 岁时的发展结果进行了追踪，结果发现，幼儿园教师教育行为越积极，学生在 23 岁时就有更高的收入以及更少的不良行为。

研究还发现教师教育行为对处境不利的儿童有更大的影响。Hart 等人（1997）的研究发现对于家庭社会经济地位低的儿童，教师良好的教育行为对他们认知能力的积极影响要高于家庭社会经济地位高的儿童。此外，研究还发现教师的教育行为对教师所在班级的班级质量有影响。教师的教育行为越正确，教师所在班级的班级质量越高。研究发现：高质量的班级中，教师正确的教育行为更多，错误的教育行为更少；在低质量的班级中教师错误的教育行为更多，正确的教育行为更少（McCarty et al., 2001），如图4–9 所示。

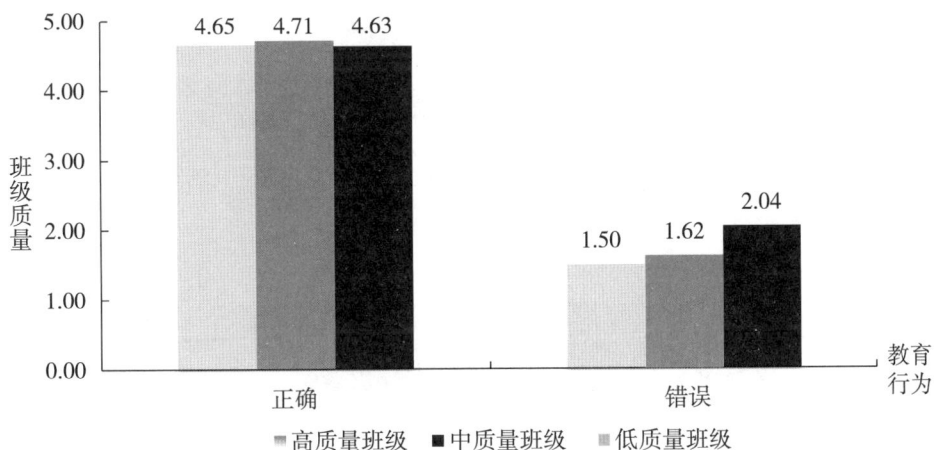

图 4-9 不同质量班级教师的教育行为
（McCarty et al., 2001）

3. 教育观念和行为对儿童发展的相互作用

教师的教育观念和教育行为会相互作用，共同影响儿童的发展。教育行为受教育观念的影响和支配，教师的教育观念会通过教育行为影响儿童的发展，两者之间存在很大的相关。教师往往是根据其观念做出一定的判断和决策，进而落实到行为上，最终通过行为来影响教育效果和儿童发展的。Gess-Newsome（2015）提出的教师专业知识和技能模型（the Model of Teacher Professional Knowledge and Skill）中指出，教师的专业知识能够影响教师的观念，并通过影响教师的教育行为进而影响儿童的发展结果，如图 4-10 所示。

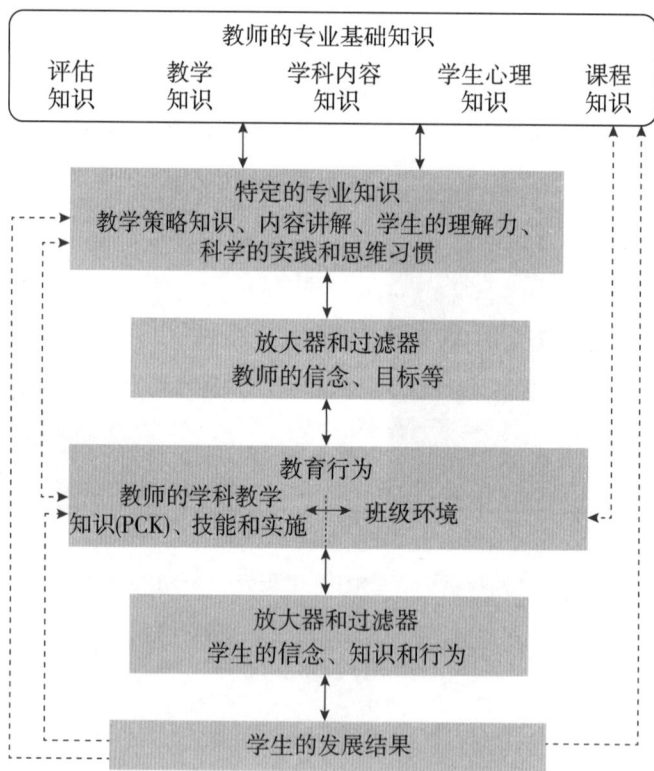

图 4-10　教师专业知识和技能模型
（Gess-Newsome，2015）

教师表现的教育行为也在相当大的程度上与其观念一致（庞丽娟，叶子，2000）。Charlesworth 和同事（1991）考察了美国幼儿园教师的教育观念与教育行为之间的关系，发现教师自己报告的正确的教育观念和教育行为之间存在着中等程度的正相关，教师自己报告的不正确的教育观念与教育行为有更高的正相关。Stipek 和 Byler（1997）观察了 60 名美国幼儿园教师和一年级教师的课堂教学，发现除了一年级的教师，幼儿园教师的教育观念和教师在班级中的教育行为之间有显著的相关。

教师良好的教育观念和教育行为对儿童的早期发展有着积极的影响，因此，教师应该树立正确的教育观念，采取正确的教育行为。已有研究发现，教师的受教育水平、接受的培训、教育经验对教师的教育观念和教育行为均有积极的影响，因此，应该多鼓励教师参与一些有关教师教育观念和教育行为的培训，使其在教学中注意采用正确的教育行为并积累相关教育经验，帮助儿童更好地发展。

三、幼儿园关系氛围

随着儿童进入幼儿园，幼儿园环境成为除家庭之外，儿童与外部社会相联系的重要环境系统。教师和同伴作为儿童在幼儿园中接触最多的重要他人，师生关系和同伴关系是儿童在幼儿园中最主要的人际关系，对儿童的影响非常重要。

1. 师生关系与儿童发展

师生关系是指儿童早期在幼儿园中与教师形成的以情感、认知和行为交往为主要表现形式的心理关系。Bergin（2009）在有关课堂依恋关系的综述中总结道：儿童对老师的依恋往往在儿童早期形成。儿童早期与老师的积极关系能够使儿童更好地适应幼儿园，对以后的学业和社会情感发展也有重要影响。

师生关系与儿童认知发展

已有研究发现儿童早期与教师形成的良好的师生关系对儿童的学习行为、幼儿园活动的参与、儿童的认知能力发展有积极的影响。Pianta 和 Streinberg（1992）的研究考察了幼儿园师生关系对儿童在幼儿园阶段和五年级时发展结果的影响，研究发现良好的师生关系不仅能促进儿童在幼儿园阶段的认知能力发展，而且对他们在五年级时的学业成绩也有积极影响。研究结果还发现，对于那些幼儿园时被预测入学后会有学业失败的儿童，当他们与幼儿园老师有良好的师生关系时，会比有不良师生关系的儿童在进入小学后更少出现学业失败的情况。Harrison 等人（2013）的研究对 3344 名澳大利亚儿童在幼儿园时期的师生关系进行了考察，发现幼儿园阶段较高的师生冲突不仅能够影响儿童早期的数学和语言能力，并且这种不良的影响能够持续到儿童 10~11 岁时。

在中国背景下的研究也发现了师生关系对儿童学校表现的影响。刘万伦和沃建中（2005）考察了师生关系对儿童学校适应的影响，发现师生关系是影响儿童学校适应的重要因素，师生关系中的影响程度从大到小依次为亲密性、主动性和合作性。吕莹（2015）的研究也考察了 3663 名幼儿园儿童与他们教师的关系，研究发现教师与儿童师生关系的亲密性能够积极影响学生的语言能力和数学能力，师生关系亲密性越高，儿童的语言和数学能力越好，结果如图 4-11 所示（吕莹，2015）。

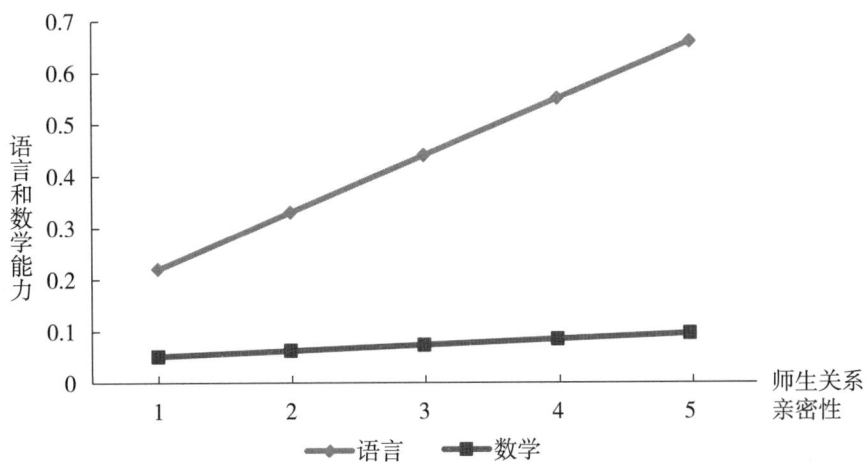

图 4-11 师生关系对儿童语言和数学能力的影响
（吕莹，2015）

师生关系与儿童社会情感能力发展

许多研究也发现师生关系对儿童的社会情感发展有重要的影响。有高质量师生关系的老师，能够给儿童积极的行为支持并帮助其发展社会性，然而，低质量的师生关系会限制老师支持儿童社会情感发展的积极行为（O' Connor et al.，2011）。

良好的师生关系能够促进儿童社会情感的发展。Ewing 和 Taylor（2009）的研究考察了师生关系与儿童的幼儿园行为之间的关系，结果发现师生关系越亲密，儿童的社会技能发展越好。O'Connor 等人（2011）的研究也发现了师生关系质量越高，儿童的外向问题行为越少，并且高质量的师生关系减少儿童的内向问题行为。也有研究发现师生关系的亲密性对儿童社会情感发展有持续影响。Silvera 等人（2004）的研究考察了儿童从幼儿园阶段到三年级时的问题行为的变化与幼儿园阶段师生关系之间的关系，发现师生关系亲密性能够降低儿童从幼儿园阶段到三年级的外向问题行为的发生率，尤其是对于在幼儿园阶段有较多问题行为的儿童，当他们处在一种高情感亲密的师生关系中，他们在三年级时的问题行为会减少更多。

不良的师生关系对儿童的社会情感发展具有消极影响。比如研究发现，师生关系冲突性越高，儿童的社会技能发展越差，并且有更多的敌意——攻击行为和焦虑——害怕行为（Ewing & Taylor，2009）。Hamre 和 Pianta（2001）的研究也发现幼儿园时期的不良的师生关系对儿童问题行为有持续的影响，幼儿园时期老师与儿童的冲突越多，儿童在小学 5~6 年级时的问题行为也就越多。

针对中国幼儿园阶段师生关系的研究也发现了师生关系对儿童的社会情感发展有重要的影响。张晓、陈会昌和张桂芳（2008）的研究考察了师生关系对儿童问题行为的影响。师生关系亲密性越高，儿童表现出来的退缩、攻击和违纪问题越少，而师生关系冲突性越高，儿童会表现出越多的焦虑、违纪问题。Zhang 和 Nurmi（2012）的研究中也发现了儿童进入幼儿园时的师生关系对儿童入学两年后的社会技能仍有影响。李燕芳等人进行的多项研究也发现师生关系亲密性对儿童的社会技能有积极的影响，而师生关系冲突性对儿童的内外向问题行为有消极影响（李燕芳等，2015；李燕芳等，2014）。不仅如此，李燕芳等人（2015）的研究还特别考察了幼儿园班级的师生关系氛围对儿童社会适应的影响。研究将班级内所有取样儿童的师生关系亲密性平均得分作为班级师生关系亲密氛围的指标，将师生关系冲突性的平均得分作为班级师生关系冲突氛围的指标。研究结果表明，班级师生冲突氛围能够正向预测儿童的内外向问题行为，幼儿园中教师与班级内儿童的冲突越多，儿童会表现出更多的敌对攻击行为和焦虑恐惧情绪。班级消极的关系氛围会给教师带来额外的负担和压力，导致教师消极对待孩子的情绪和行为，从而对儿童的早期行为适应产生消极影响。

此外，以往的研究也发现，师生关系更能影响弱势群体儿童早期发展。例如，一些针对学校的干预项目对师生关系进行干预和改善后能够弥补弱势群体儿童发展上的劣势（Walker et al., 1998）。李燕芳等人（2014）的研究也考察了师生关系对流动儿童这一弱势群体的影响，发现师生关系越亲密，流动儿童的内向问题行为越少，而师生关系亲密性对城市儿童的内向问题行为没有影响，如图 4-12 所示。可见师生关系对流动儿童的影响更大，这可能是由于对于学前阶段的流动儿童，如果教师注重与其进行积极的情感表达和开放的交流，将会为流动儿童提供温暖关爱的氛围和安全支持的环境，使儿童变得更加自信，保持更加积极的情绪。这启示我们：从早期阶段开始，要发挥并重视维持教师与儿童良好的互动关系，对于减少或缓解流动儿童的内向问题行为具有持续的、深远的意义。

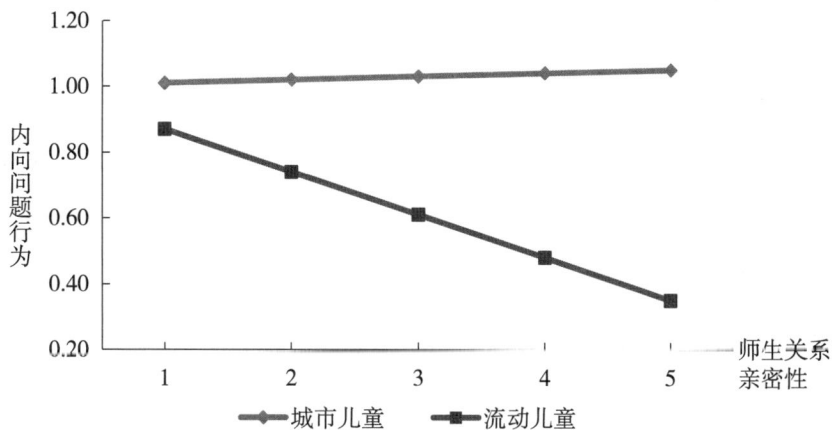

图 4-12　师生关系亲密性对城市和流动儿童的问题行为影响
（李燕芳等，2014）

2. 同伴关系与儿童发展

同伴关系是指年龄相同或相近的儿童之间的一种共同活动并相互协作的关系。同伴在儿童生活中，尤其是在儿童社会情感发展中具有成人无法取代的作用。幼儿园时期是儿童从家庭进入学校生活的开端，除了师生关系外，幼儿园时期也是儿童同伴关系开始形成的重要时期。幼儿园时期儿童形成的同伴关系对儿童的心理发展有重要的影响，良好的同伴关系有利于儿童的成长，而不良的同伴关系会使儿童早期成长受阻，并且可能会出现幼儿园适应困难，甚至成年以后的社会适应困难。

幼儿园阶段儿童同伴关系发展状况

儿童在出生时就能够对其他婴儿有情绪上的反应，比如在别的婴儿哭的时候也会跟着哭泣。在 6 个月时，婴儿就能够与其他婴儿有交流和互动，如能够对其他婴儿微笑、抚摸、喃喃等。在儿童 1 岁时，会出现一些合作、分享等行为。研究者发现 1 岁儿童会与同伴分享玩具（Hay et al., 1991）。儿童 3 岁进入幼儿园后开始形成稳定的同伴关系，出现了特别的同伴偏好和稳定的个体差异。研究者对儿童在幼儿园阶段同伴关系的状况进行了研究。例如，刘少英（2009）采用纵向数据，考察了儿童从小班到大班时，儿童的同伴类型发展状况，研究结果如图 4-13 所示。小班时，被忽视儿童是所有同伴类型中比例最高的，其他类型的人数比例都较少。同伴类型人数分布差距较小，说明小班儿童的同伴交往较少，同伴类型还未完全分化。小班儿童还处于单独游戏或者联合游戏阶段，同伴之间的互动少。大多数儿童更多关注自己，对同伴的关注还不够，因此被忽视的人数比较多。中班时，受欢迎儿童是所有同伴类型中人数比例最高的，矛盾型人数比例最少，同时受欢迎、被拒绝和被忽视儿童的比例明显高于小班的儿童，说明儿童的同伴类型开始分化，各种同伴类型儿童占比均上升。大班时，一般型儿童比例最多，矛盾型儿童比例最少。同伴类型人数分布差距加大，说明儿童到大班后，同伴类型的分化完成，并稳定下来。邹晓燕、李英玉和黄晓梅（2006）对幼儿园大中小班儿童的同伴关系的研究也发现儿童同伴关系类型随年龄增长逐渐稳定，儿童对受欢迎儿童的选择也越来越集中。

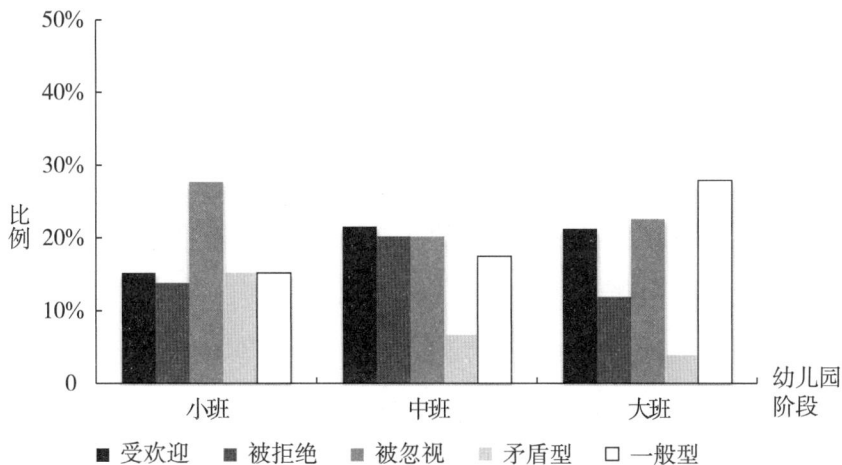

图 4-13 大中小班不同同伴关系类型儿童的比例
（刘少英，2009）

同伴关系对儿童发展的影响

良好的同伴关系能够影响儿童的心理发展，并且作为保护因素，使儿童更好地发展。越来越多的研究表明，儿童同伴对彼此的认知能力发展有明显的促进作用，儿童通过与同伴的合作学习提高自身在认知方面的表现（Damon & Phelps，1989）。Bush 和 Ladd（2001）的研究发现，在幼儿园阶段，被同伴拒绝的儿童的语言和数学能力要差于同伴关系良好的儿童。同伴关系还对儿童的学校表现有长期的影响，如在一项从小学早期到中学的研究发现，儿童在小学早期的同伴关系越好，在高中时其学业表现也越好

（Risi et al., 2003）。中国的研究者也发现了同样的结果。张静等人（2013）对 215 名中小学生的同伴关系和学业成绩之间的关系进行考察，发现那些被同伴提名为不喜欢在一起玩的儿童，学业成绩也更差。韩小燕（2015）的研究也发现，儿童从朋友处获得的陪伴、工具性帮助、情感支持、亲密性越多，越有利于促进儿童的学业适应；儿童不良同伴关系、朋友消极行为则是其学业适应的不良影响因素。此外，同伴关系还与幼儿园参与和对幼儿园的喜爱有关。比如 Bush 和 Ladd（2001）的研究发现，在幼儿园阶段，被同伴拒绝的儿童比被同伴接纳的儿童更少地参与班级的活动，并有更高的幼儿园回避。

此外，同伴关系也会影响儿童的社会情感能力发展。在良好的同伴交往中，儿童通过与同伴的情感交流，移情水平得到良好的发展，能够获得更多的助人、合作与分享的机会，从而表现出更多的亲社会行为。陈超（2015）的研究发现，良好的同伴关系与合作、分享、助人等亲社会行为存在正相关。杜春霞（2010）的研究也发现，被拒绝儿童的亲社会行为得分显著低于受欢迎的儿童。另外，同伴关系也与不良的行为，如攻击行为、违纪行为、破坏行为等有关。Sebanc（2003）研究了 3~5 岁儿童的友谊特征和社会行为之间的关系，发现有朋友的儿童的亲社会行为的发展要多于没有朋友的儿童，直接攻击行为少于没有朋友的儿童，如图 4-14 所示。赵祝（2013）的研究也发现儿童与同伴的冲突越多，他们就会表现出越多的身体攻击和口头攻击行为。

此外，研究也发现同伴关系能够作为保护因素，缓解家庭不良环境对儿童攻击行为的影响。Criss 等人（2002）的研究考察了儿童 3~6 岁时的同伴关系与攻击行为，研究发现，与低同伴接纳的儿童相比，家庭环境不利、夫妻冲突、严厉教养对高同伴接纳的儿童的外向问题行为的不良影响更小，如图 4-15 所示。

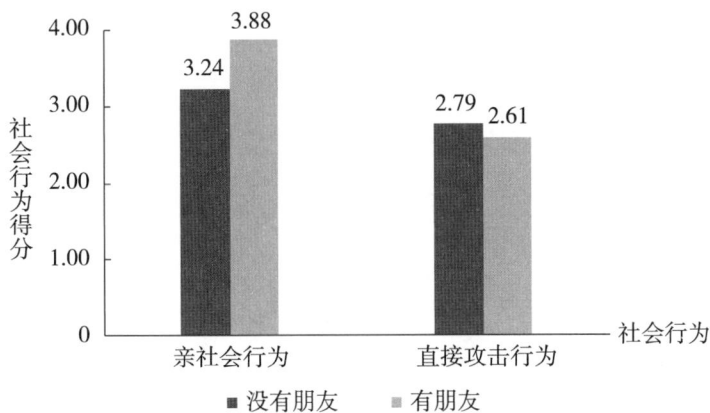

图 4-14 有朋友和没有朋友的儿童社会行为表现
（Sebanc, 2003）

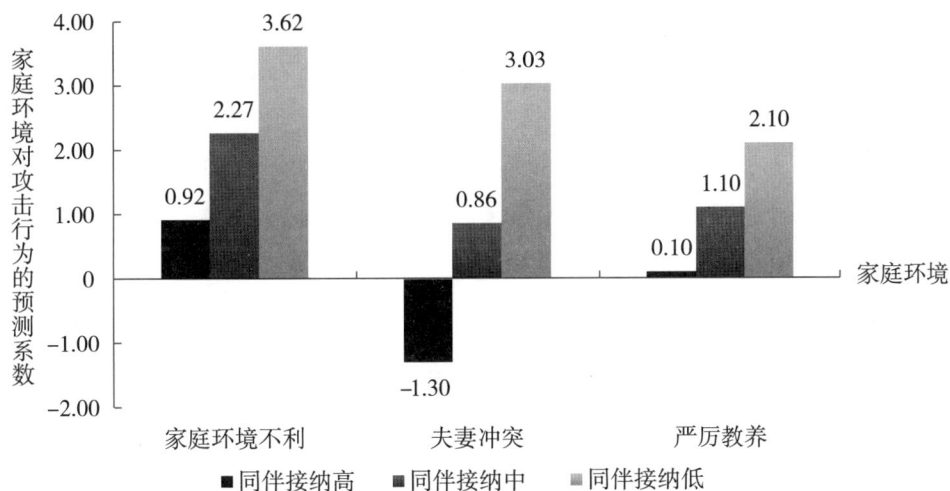

图 4-15 家庭环境对不同同伴接纳程度儿童问题行为的影响
（Criss et al., 2002）

注：家庭环境对儿童问题行为的预测系数越高说明家庭环境对儿童问题行为的影响越大。

同伴交往过程常常伴随着社会焦虑和抑郁、孤独感、幸福感等情绪体验，遭同伴拒绝、被同伴孤立容易使青少年产生社会焦虑和孤独感；受同伴欢迎、被同伴接纳则会使他们体验到自尊与幸福。左占伟等人（2005）

的研究表明，朋友的支持对儿童的正向情绪和负向情绪的预测作用甚至超过了其父母的影响。周宗奎和范翠英（2001）对不同同伴类型儿童的孤独感和社会焦虑得分进行比较，发现被拒绝儿童的孤独感和社会焦虑得分最高，其次为被忽视儿童，受欢迎儿童的孤独感和社会焦虑得分最低，结果如图 4-16 所示。

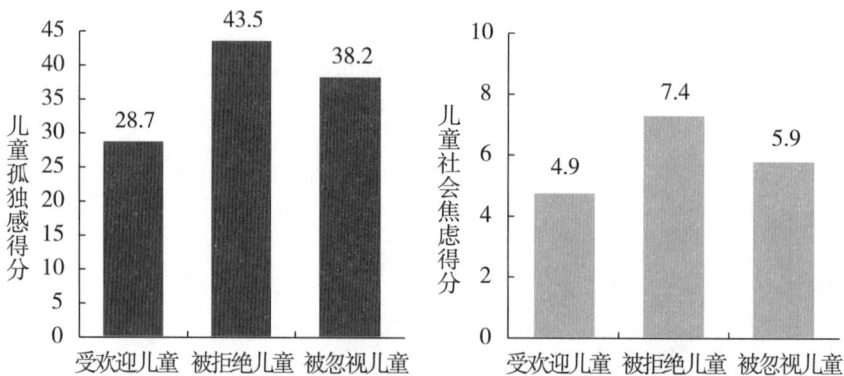

图 4-16　不同同伴关系类型的儿童在孤独感和社会焦虑上的得分比较

（周宗奎，范翠英，2001）

综上可见，儿童在幼儿园时期的同伴关系对儿童早期心理发展有重要的影响，应该注重培养儿童良好的同伴关系。一方面，家长和老师可以帮助儿童形成良好的认知和社会情感能力，比如通过增强儿童语言交流能力、培养儿童的分享和合作意识、纠正儿童的问题行为等，帮助其建立良好的同伴关系。另一方面，教师也应该注意引导，如为孩子创设游戏环境，增加交往机会，在游戏活动中，引导孩子学习同伴合作与交流等。

第 5 讲

家—园互动：孩子成长生态的构建

前面第 3 讲和第 4 讲已经分别对早期家庭环境与儿童发展的关系、幼儿园教育环境与儿童发展的关系进行了阐述，家庭和幼儿园作为两个重要的微观环境系统，都对儿童的早期发展有着不可忽视的重要作用。布朗芬·布伦纳的生态系统理论强调儿童是在相互影响的一系列环境系统中发展的，并将这些环境系统分为微观系统、中间系统和宏观系统。其中，中间系统是指各种微观系统（学校、家庭、同伴、网络等）的相互联系，积极的相互联系能够相互促进，使儿童的发展达到最优化。对于学前儿童来说，家庭和幼儿园环境之间的积极互动、和谐匹配，有助于构建起儿童早期成长的和谐生态环境，从而更好地促进其健康发展。

本讲将就家庭环境和幼儿园环境的相互作用模式以及两个环境系统的相互作用与儿童早期发展的关系进行阐述。首先介绍有关两个环境系统相互作用的理论，进而围绕家庭和幼儿园教育活动、关系氛围等方面的相互作用介绍相关的研究进展。

一、家庭和幼儿园互动的两种效应

家庭是儿童成长过程中接触的第一个环境系统。随着儿童进入幼儿园，幼儿园环境成为除家庭之外，儿童主要接触的并与外部社会相联系的重要环境系统。布朗芬·布伦纳的生态系统理论为我们理解儿童的生存环境与其发展的关系提供了重要的框架。该理论将个体生活的环境以及与其相互作用的不断变化的环境称为环境系统。他认为，环境是"一组嵌套结构，每一个嵌套在下一个中，就像俄罗斯的套娃一样"。对于儿童早期而言，家庭和幼儿园的相互联系构成了重要的中间系统。家庭和幼儿园之间联系越积极密切，儿童的发展水平越高，否则，儿童的发展将处于消极状态。也就是说，只有在家庭和幼儿园的良好互动下，儿童才能实现最优的发展（Bronfenbrenner & Morris，1998）。

情境系统模型（Contextual Systems Model）也认为，儿童成长在多种系统中，这些系统是"有组织的一系列内部相关的成分，每个成分服务于一个与整体系统活动相关的功能"，每个系统的要素与另一个系统发生相互作用来影响儿童的发展，某一环境的作用会随着另一环境的变化而变化（O'Connor & McCartney，2007；Pianta & Walsh，1996），也就是说，家庭环境对儿童发展的作用会随着幼儿园环境的变化而变化，或者幼儿园环境对儿童发展的作用会随着家庭环境的变化而变化。

Bradley 等人（2011）也提出了幼儿园环境与家庭环境相匹配的假设：儿童从幼儿园中获益多少可能不只取决于家庭中已经拥有的资源的多少，而取决于家庭中已经拥有的资源与幼儿园提供的机会是否匹配（fit / match）。一方面，如果一些儿童在家庭中已经拥有了相当多的资源，从幼儿园获得的教育机会对他们的促进作用就会减小。另一方面，如果儿童生存的家庭环境中连最基本的资源都不具备，还没有准备好接受幼儿园教育，那么幼儿园的教育和机会对他们的促进作用也会减少。因此，家庭和幼儿园环境的匹配程度会影响儿童发展的水平。

关于家庭和幼儿园环境系统的相互作用，研究者基于大量的研究结果，总结提炼为两种相互作用的效应，一是弥补效应（Compensate Effect），二是马太效应（Matthew Effect）。接下来将分别对这两种效应进行阐述。

1. 弥补效应

弥补效应的意思是"谁拥有的越少则获得的越多（Those who bring less get more）"。通俗来说，当其中一个因素 A 对儿童的发展产生消极影响时，如果另一个因素 B 能够提供有利的条件来减缓这一消极影响，则因素 B 就对儿童的发展起到了保护作用，也就是弥补了因素 A 对儿童发展的不利影响。弥补效应体现在家庭和幼儿园两个环境之间的相互作用上。主要包括两种情况：一是对于那些家庭环境质量较差的儿童，如果进入高质量的幼儿园环境中，则减少了家庭环境的消极影响，对儿童的心理发展产生积极的促进作用；二是如果儿童所在的幼儿园环境质量较差，但是有利的家庭环境则会在一定程度上弥补幼儿园环境的不良影响，同样对儿童的发展起到弥补和促进作用。

例如，Sammons 等人（2008）报告了一项关于幼儿园和小学教育对儿童发展影响的纵向研究的结果，这项研究是英国"有效的学前教育项目"（EPPE）的拓展。研究考察了早期家庭学习环境和幼儿园教育经历对儿童在六年级时的学业成就的影响，以数学和英语作为测量指标，以来自较低水平的家庭学习环境且没有进入幼儿园的学生为对照组，结果发现对于没有进入幼儿园的学生来说，高水平的家庭学习环境能够提高他们的学业表现；对于家庭学习环境差的儿童，在接受了幼儿园的教育后，他们在六年级时的学业成绩也会得到提升，表现为和中等水平家庭环境儿童接近的能力水平。在报告中，研究者提到，高水平的家庭学习环境会弥补进入质量较差的幼儿园对儿童的消极影响，幼儿园教育也会弥补家庭学习环境的不足所带来的消极影响。换言之，家庭 / 幼儿园教育环境可能缓冲了另一种环境的不利影响，保护了处境不利儿童的正常发展，甚至弥补了处境不利儿童的发展劣势。

　　此外，McCartney 等人（2007）的研究也发现来自低收入家庭的儿童在高质量的保育机构中，认知能力提高得更快。图 5-1 描述的是接受三种不同水平保育质量的儿童的家庭收入—支出比（收入支出比越高，说明家庭经济资源越多）与其入学准备程度、语言理解能力、语言表达能力的关系。

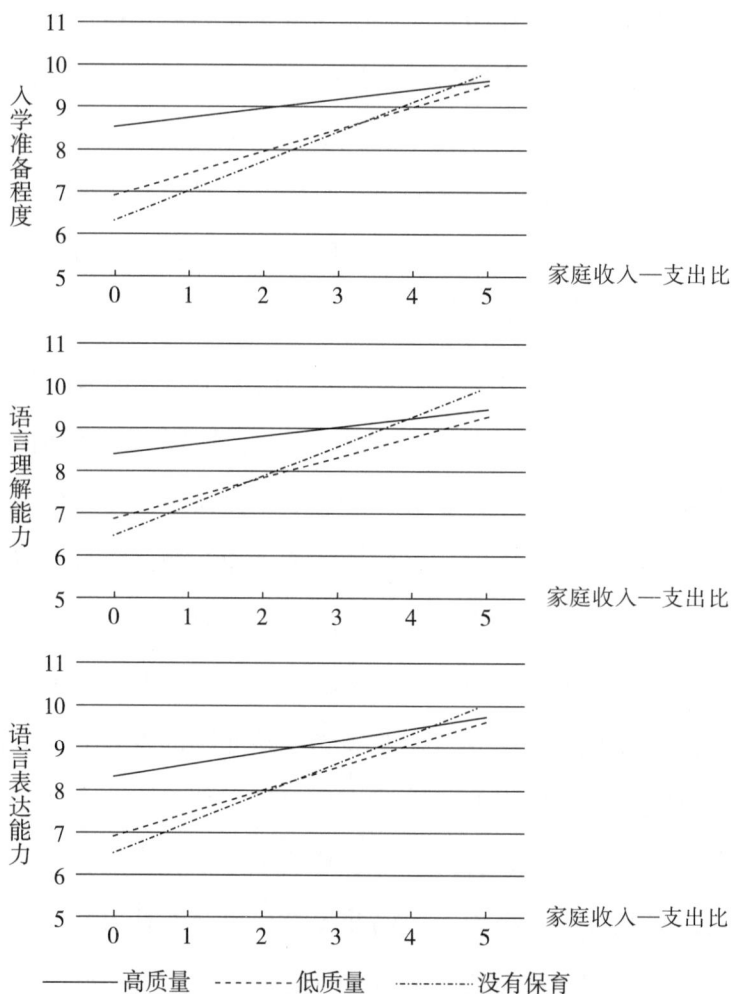

图 5-1　参加不同质量保育机构的儿童的家庭收入—支出比与入学准备度、
语言理解和表达能力的关系
（McCartney et al.，2007）

由图可知，高质量的儿童保育缓冲了家庭经济资源少对儿童的负面影响，即同样来自收入—支出比低的家庭的儿童，当他们进入了高质量的保育机构，其入学准备程度、语言理解和表达能力都要好于参加低质量保育机构和没有参加保育机构的儿童。

2. 马太效应

在现实社会中，人们常常看到这样一种现象："本身是好的，它将变得更好；本身是差的，它将变得更差。"20 世纪六七十年代，罗伯特·莫顿（Robent Merton）首次将这类社会心理现象命名为马太效应。通俗来说，马太效应是指任何个体、群体或地区，一旦与其他事物相比时占据了有利位置，就会产生一种累积优势，之后会有更大的可能性继续保持这种优势（蔡军，殷莉，2009）。综合来看，马太效应起到了双刃剑的作用，包含了两个方面的内容，即积极的事物会更好、消极的事物会更差。在自然、社会、经济中存在许多体现马太效应以及受马太效应影响的事例，例如，在社会中"穷人越来越穷，富人越来越富"的现象。其实在教育领域也同样存在这样的现象，举例来说：一个优秀的学生会从家长、教师和同学的认可和赞扬中获得自信，也会更加努力地让自己变得更好，从而处于一个不断进步的良性循环状态，这是锦上添花的正面效应；而对一个差生而言，周围的人给予他的可能更多的是批评、忽视，自己也会渐渐地认为自己很差而自卑，从而处于一个不断退步的恶性循环状态，这是"破罐子破摔"的负面效应。研究者也发现儿童在阅读能力发展中呈现出了马太效应，Pietorius 和 Currin（2010）对在南非的贫困、多语言小学开展了语言干预项目，在学生的母语和学校语言的相互作用中发现了马太效应，即一种语言水平较差的学生，其他语言水平也会较差。同样的，阅读能力较好者趋向于在两种语言上都表现得很好。

也有研究者发现了家庭和幼儿园环境之间的马太效应，即"谁在某一个环境中拥有的越多，则从另外一个环境中获得的也越多（Those who bring more get more）"。例如，Bryant 等人（1994）发现幼儿园教育对儿童认知发展有积极作用，而且来自高质量家庭环境的儿童从幼儿园教育中获益更多。另一项来自德国的研究，考察了家庭和幼儿园学习环境与 532 名德国儿童早期数学能力发展的关系（Anders et al., 2012），研究者将儿童分为低、中、高质量家庭学习环境三组。图 5-2 描述的是每一组（三种家庭学习环境水平与三种幼儿园质量水平，共计 9 组）儿童的平均计算能力。由图可知，来自中等和高质量家庭学习环境的儿童更能从学前教育中获益，表现为在三种质量的幼儿园教育中的计算能力都高于来自低质量家庭学习环境的儿童。这一结果表明，幼儿园教育作用的发挥至少应该有中等程度的家庭教育支持。

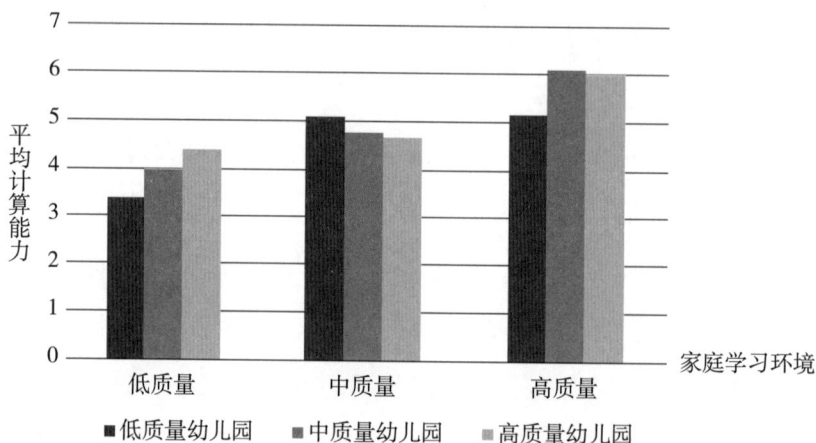

图 5-2　不同家庭和幼儿园教育质量儿童的平均计算能力

（Anders et al., 2012）

综上所述，家庭环境和幼儿园环境对儿童发展的交互影响存在不同的效应。因此，家长需要根据家庭状况和儿童的实际情况选择适合儿童并且有利于儿童发展的幼儿园，反之，也要结合幼儿园是教育环境调整家庭的教育环境，使两者达到最优的匹配，从而最大程度地促进儿童的发展。

二、家庭和幼儿园环境的有效匹配

家庭和幼儿园为儿童创设的心理环境能够为儿童提供教育支持（Instructional Support）和情感支持（Emotional Support）。它们在一定程度上满足了儿童不同方面发展的需要，比如研究发现，教育支持对儿童学业成就的预测作用更大，情感支持对其社会性能力的预测作用更大（Hamre & Pianta，2005；Howes et al.，2008）。根据 Parker 等人（1999）构建的理论模型，父母促进儿童早期发展有两条重要的过程路径：一是通过提供丰富的家庭学习活动，这是为儿童提供教育支持；二是通过建立良好的亲子关系，这是为儿童提供情感支持。同样地，在学校和班级中，心理环境的创设表现也主要在以下两个方面：一是提供教育支持（Instructional Support），如教师组织促进孩子发展的游戏和教学活动，以及在活动中对孩子的表现进行反馈等；二是提供情感支持（Emotional Support），如教师与儿童形成良好的师生关系，对孩子表露出温暖关爱的积极情感，较少表现出冷漠否定的消极情感等。

卜面也将对家庭和幼儿园心理环境要素（教育活动和关系氛围因素）的相互作用进行阐述。依据本讲第一部分总结的家庭和幼儿园交互作用的两种模式，家庭和幼儿园心理环境的交互作用具体表现为以下模式：一是家庭 / 幼儿园不利的教育支持和情感支持可以通过另一个环境系统中相应的有利支持来弥补，二是家庭 / 幼儿园中有利的教育支持和情感支持会增强另一环境中有利支持的积极作用。下面结合第一部分介绍的弥补效应和马太效应，对家庭和幼儿园两个环境系统在教育活动、关系氛围两个方面的相互作用进行介绍。

1. 家庭和幼儿园教育活动的相互作用

教育活动是家庭和幼儿园教育中的核心内容，主要是指影响儿童身体健康、认知、情感等方面发展的有目的的活动。在家庭中，主要体现在为孩子营造的家庭学习环境方面。家庭学习环境可以分为家庭学习活动（Home Learning Activities）和丰富的生活经验（Enrichment Experience）两个方面。在幼儿园中，教育活动主要指的是教师组织儿童开展的教育活动，最有代表性的是班级学习活动。研究证实，班级学习活动能够对儿童早期的知识获得产生直接影响（Cabell et al.，2013）。

前文中提到，Anders 等人（2012）在研究家庭学习环境对德国儿童早期数学技能发展的影响时发现，具有中等或高等家庭学习环境质量的儿童在接受高质量的学前教育时受益更大，但是具有低等质量家庭学习环境的儿童在接受高质量学前教育时受益则不明显，可见良好的家庭学习环境对学前教育的影响发挥了一定的促进作用，这其实是马太效应的体现。不过，与其研究结果不一致的是，Sammons 等人（2009）采用英国"有效学前教育项目"（EPPE）的扩展项目中的部分数据，考察早期成长环境因素对儿童早期及 6~10 岁在阅读和数学成就上的作用，结果发现，生长在较差家庭学习环境中的孩子从高质量的学前教育中受益更大，这显然是良好的幼儿园教育对不良家庭环境的"弥补作用"的体现。

中国研究者也发现了幼儿园教育活动对家庭学习环境的弥补效应。张佳慧、辛涛和陈学峰（2011）从家庭学习环境和入园年龄角度考察教育活动对儿童认知发展的影响。结果发现，对于家庭学习环境差的儿童来说，较早地进入幼儿园能够使儿童获得认知发展的优势，这说明更早地接受幼儿园教育活动对较差家庭学习环境的消极影响起到了弥补作用；对于家庭学习环境较好的儿童来说，适宜的入园年龄段能够最大程度地促进儿童的认知发展。

吕莹（2014）对家庭和幼儿园学习活动对学龄前流动儿童发展的影响也进行了探讨，发现了幼儿园学习活动对家庭学习活动的弥补作用，即对于流动儿童来说，当家庭学习活动较少时，较好的班级学习活动能够减少流动儿童的外向问题行为；而对于家庭学习活动多的流动儿童而言，班级学习活动的影响则不显著，也就是说，对于家庭学习活动缺乏的流动儿童，即双重风险儿童来说，较好的班级学习活动能够减少其外向问题行为，如图 5-3 所示，很明显，这支持了弥补效应。流动儿童从班级学习活动中学会与他人交流自己的想法和感受，用语言规范自己的行为，从而在社交中更好地与他人交流，更好地管理自己的情绪。

同时，李艳玮（2012）的研究也发现了良好的家庭学习活动可以弥补不良的幼儿园经历对儿童的影响。研究以北京市 181 名幼儿园中班儿童为研究对象，发现良好的家庭学习活动可以弥补早或晚入园带来的消极影响。例如，对于入园较早、较晚儿童来说，家庭学习活动越丰富，其语言、数学技能比家庭学习活动较差的儿童更好。当儿童较早入园时，语言、数学认知等相关技能可能发展不足，这时候家庭中为孩子提供丰富的家庭学习活动，就有可能弥补入园较早的劣势；而当儿童较晚入园时，由于接触到的幼儿园提供的学习机会较少，不利于其认知技能的发展，这时丰富的家庭学习活动有可能会弥补入园较晚带来的发展劣势。也就是说，丰富的家庭学习活动会使不同入园年龄组儿童之间的发展差异变小。在社会技能上，

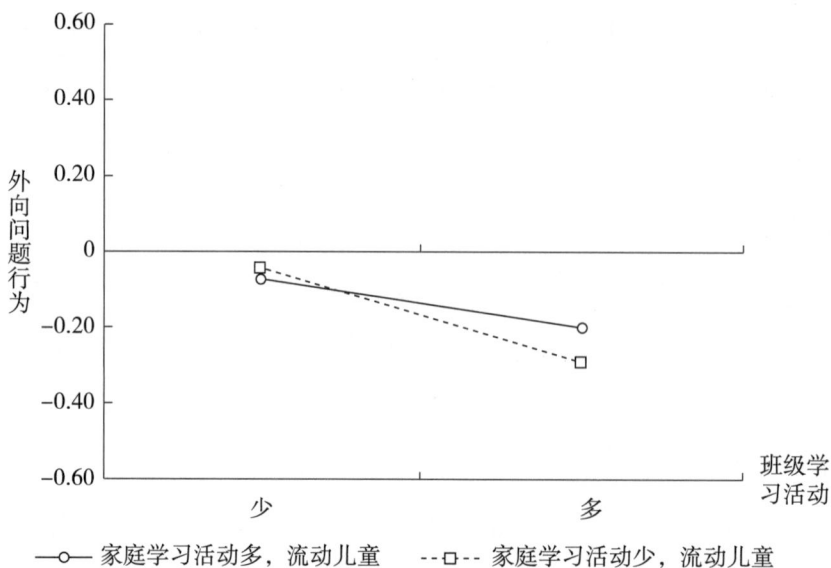

图 5-3　家庭学习活动与班级学习活动相互作用影响流动儿童的外向问题行为
（吕莹，2014）

对于入园较晚的儿童来说，家庭中为其创设的日常生活经验越丰富，其社
会技能发展越好，这也体现了良好的家庭学习环境对较早或较晚入园带来
的消极作用的弥补效应。

2. 家庭和幼儿园关系氛围的相互作用

亲子关系是家庭关系的核心，师幼关系是班级关系氛围的核心，亲子
关系和师幼关系之间也会发生相互影响。依恋理论认为，儿童与抚养人存
在着多重依恋（Multiple Attachments），即儿童可以与多个依恋对象建立情
感联结，在面临危险性或挑战性的情境时，他们可以从这些依恋的对象中
获得帮助（Bowlby，1982）。这代表着儿童需要多方面的情感联系，这些情
感联系对儿童的发展可能是一个累加的作用。同时，也有研究者提出儿童
的多重关系对儿童发展的交互作用假说（Interactive Hypothesis），即一种

关系的影响要视其他关系的性质而定，而非各自独立作用（Verschueren & Marcoen，1999）。有关依恋关系的理论认为，对于非安全型亲子依恋的儿童来说，如果能与他人建立替代性的、安全的依恋关系（比如与老师之间的关系），那么这种积极的关系就会挑战现有的关系模式并最终促进关系重组，或对现有关系进行修正（Lynch & Cicchetti，1992）。

有研究发现了师幼关系对亲子关系的保护作用。例如，O'Connor 和 McCartney（2007）认为，母子关系和师幼关系是儿童人际关系的两个重要组成部分，当其中一种关系存在风险时，另一种关系的积极因素则可能作为保护因子促进儿童的发展。他们开展了一项从幼儿园追踪至小学三年级的纵向研究，发现相比于具有安全型母子依恋的儿童来说，良好的师幼关系（亲密性高、冲突性低）对于非安全母子依恋儿童的学业成就的积极预测作用更大，这体现了弥补效应。Mitchell-Copelan 等人（1997）也发现了积极的师幼关系能够弥补不安全的母子关系对儿童社会技能的不良影响，使儿童的心理适应朝着积极的一面发展，这也支持了弥补效应。同样的，Buyse 等人（2011）的研究也证实了师幼亲密性在母子依恋和攻击行为的关系中起到的缓冲作用，良好的师幼关系会使非安全母子依恋儿童的攻击行为减少。

亲子关系和师幼关系的相互作用可能在处境不利的儿童身上体现得更加明显。处境不利的儿童与家庭之外的成人和同伴相处的机会少，这使他们更多地进行亲子互动，师幼关系对儿童的影响可能就不那么明显了。但是，也有研究者提出相反的观点，恰恰由于处境不利的儿童缺少外部交往的特点，如果能够接触到良好的师生关系，则可能作为一个保护性因素起到补偿的作用（Meehan et al.，2003）。例如，有研究发现积极的师生关系能够弥补父母专制教养的非裔儿童在阅读技能方面的缺陷（Burchinal et al., 2002）。

李燕芳等人对学前流动儿童社会适应行为（社会技能、内隐问题行为）的系列研究发现了师幼关系对不良母子关系的弥补效应，发挥这一效应的主要因素是师幼关系的低冲突性和高亲密性。研究结果表明，师幼关系与母子关系的共同作用主要表现在处于双重风险的流动儿童身上（李燕芳等，2014）。这可能是因为，流动儿童作为处境不利的群体，从农村流动到城市后，缺少社会支持系统，除父母外，他们身边赖以获得支持和安慰的重要他人（如亲属）较少，父母也大多忙于工作，无暇照顾他们。在面临母子冲突的情况下，他们便会对教师的支持表现出更多的依赖，对教师的关怀也更加敏感，这时良好的师幼关系会成为他们发展中的一个保护因素而发挥积极的作用。其具体表现，在社会技能方面，师幼关系的低冲突性能够减少母子关系冲突性对流动儿童社会技能的负向影响。究其原因，儿童与母亲的冲突会阻碍儿童正常的社会化，从而影响其社会技能的发展，而低冲突的师幼关系作为良好师幼关系的一个表现，能够减少儿童的同伴拒绝和学校回避，有利于儿童自主能力和合作性的发展，从而缓解了母子冲突对社会技能的消极影响。此外，在内隐问题行为方面，师幼关系的高亲密性能够减少母子冲突对流动儿童内隐问题行为的消极影响，如图 5-4 所示。

同样的，研究使用班级师幼关系氛围（Classroom Relational Climate）这个集体环境变量和亲子关系来探讨人际关系对学前儿童问题行为的影响时发现，亲子关系对师幼关系的影响起到了弥补作用，这也主要体现在流动儿童上（李燕芳等，2015）。结果发现，高亲子关系亲密性可以缓冲班级师幼关系冲突性对流动儿童内向问题行为的消极影响，如图 5-5 所示。从现实意义来说，流动儿童随父母从农村来到城市，其父母受教育水平

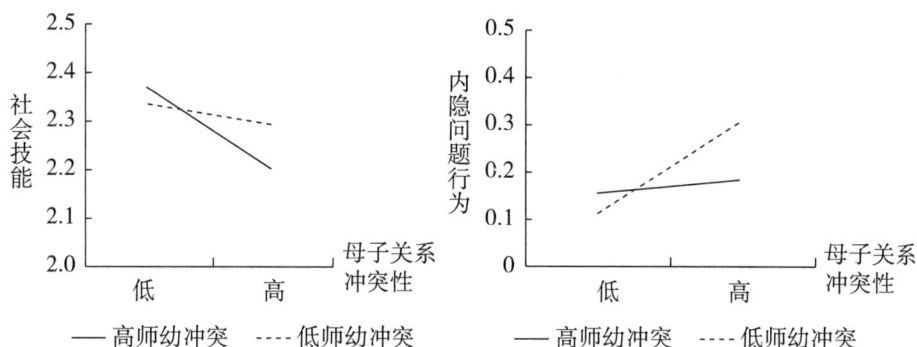

图 5-4　师幼关系亲密性在母子关系冲突性预测流动儿童社会技能和内隐问题行为中的调节作用
（李燕芳等，2014）

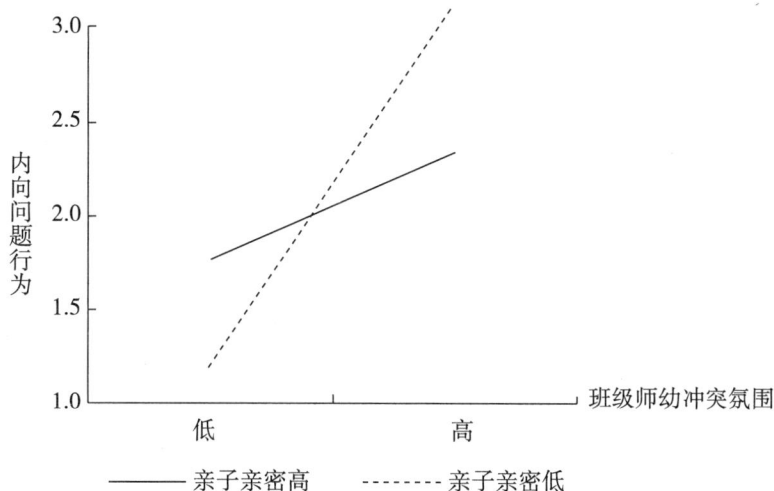

图 5-5　亲子亲密与班级师幼冲突氛围对流动儿童内向问题行为的交互作用
（李燕芳等，2015）

较低，常忙于生计，没有时间陪伴他们，难以与他们建立亲密的亲子关系。但是如果父母能与儿童建立亲密的关系，则会成为流动儿童发展的一个重要保护因素，促进其行为的积极发展。和睦融洽的亲子关系不仅能为孩子提供如何解决冲突和问题的行为榜样，还能促进儿童建立与同伴、老师间的亲密关系。因此，这种积极、安全的亲子交流可以缓解流动儿童在班级冲突氛围中表现出的焦虑、恐惧等情绪，促使流动儿童在班级中更积极地与老师和同伴交往。从这一研究中，我们或许可以得到一些启示，即家长应该给予儿童更多的关注，努力创造亲密性高的亲子关系，幼儿园教师在家园合作工作中应该指导家长与儿童建立良好的亲子关系，只有家庭和幼儿园的共同努力才可能营造出适合儿童行为和心理发展的人际关系系统。

此外，李燕芳等人的系列研究也从独生和非独生儿童的角度发现了亲子关系对师幼关系的弥补效应。结果表明，师幼关系冲突恶化了儿童的内向行为问题和外向行为问题，但是母子关系亲密性减少了师幼关系冲突对农村独生儿童的外向行为问题的消极影响，也就是说，母子关系亲密性对师幼关系冲突性的不良影响起到了弥补的作用（Li et al., 2015）。

尽管大多数研究都支持了家庭氛围和幼儿园氛围之间的弥补效应，但刘丽君（2015）从独生和非独生的视角研究早期人际关系状况及对儿童发展的影响时发现，师幼冲突低作为师幼关系中良好的一面，可以缓解母子冲突的不良影响，增强母子亲密的积极影响，这既支持了弥补效应，也支持了马太效应。比如结果发现，师幼冲突低减少了母子冲突对非独生子女的语言表达能力的不良影响，这支持了弥补效应（见图5-6）。这与师幼冲突低创造的轻松愉悦的师生关系、安全融洽的师幼互动氛围有关，孩子敢于和老师交流，乐于表达自己，不担心会产生冲突和招致责骂或者惩罚，从而弥补了非独生子女的语言表达能力。可见，减少师幼冲突、创造积极的师幼关系可以弥补消极的母子关系对非独生子女的语言表达能力的消极影响。

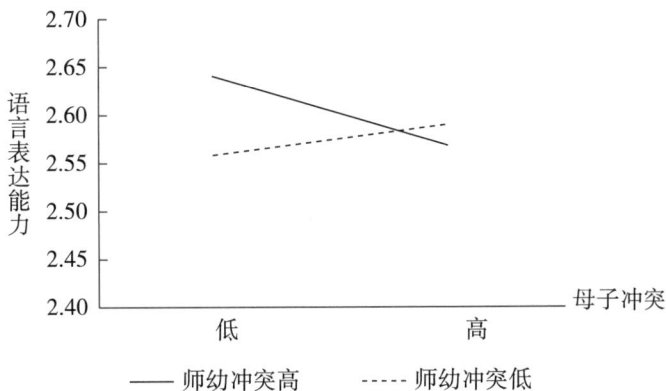

图 5-6　师幼冲突调节母子冲突对非独生子女的语言表达能力的影响
（刘丽君，2015）

　　在内向问题行为上，师幼冲突低增强了母子亲密改善非独生子女内向问题行为的积极作用（见图 5-7）。在外向问题行为上，师幼冲突低增强了母子亲密改善非独生子女外向问题行为的积极作用（见图 5-8）。这些结果支持了马太效应。这可能是因为师幼冲突低作为积极的师幼关系的一个方面，可以促进积极母子关系作用的发挥，增强母子亲密对非独生子女的内、外向问题行为的改善作用，让孩子从与母亲的亲密互动中学到的良好行为也在幼儿园中得到充分表现，良好的行为表现又融洽了非独生子女和教师的关系，进一步减少师幼冲突发生的机会和可能，从而使儿童有更好的社会适应。

　　总之，家庭和幼儿园环境的相互作用对儿童的心理发展有着重要的影响，建议家长一方面要根据自己的家庭环境状况，为儿童选择适合他们的幼儿园，以促进他们适应幼儿园，从而有更好的发展。另一方面家长也要积极参与幼儿园的各项活动，了解儿童在幼儿园中的状况，根据儿童在幼儿园的发展状况，为他们创设良好的家庭环境。幼儿园应该根据儿童的家庭背景和儿童的自身特征，为他们创设适宜的幼儿园环境，以促进他们的发展。

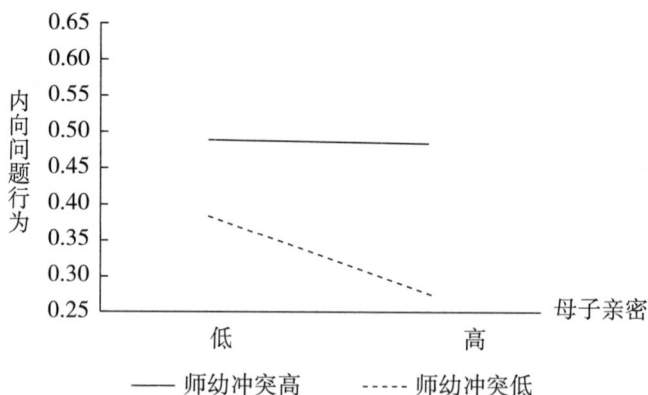

图 5-7　师幼冲突调节母子亲密对非独生子女的内向问题行为的影响
（刘丽君，2015）

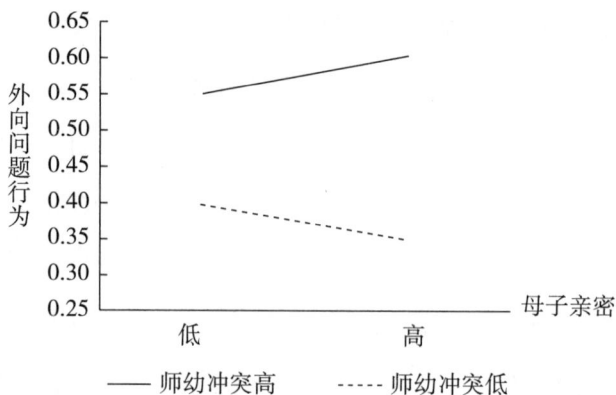

图 5-8　师幼冲突调节母子亲密对非独生子女的外向问题行为的影响
（刘丽君，2015）

　　接下来的内容将具体就家庭和幼儿园应该如何协作去促进儿童早期发展进行阐述。

三、父母参与幼儿园教育

　　父母参与（Parent Involvement）又称"父母卷入"，自古以来便受到了高度的重视。从"孟母三迁"的故事，到宋相吕公著提出"人生内无贤父兄，外无严师友，而能有成者少矣"，又或者是近现代教育家苏霍姆林斯基秉持的"最完备的教育是学校与家庭的结合"的观点等，人类历史长河中许许多多的例子都在告诉我们父母在儿童教育中具有重要的作用。

1. 父母参与的含义与模式

20 世纪 60 年代，美国和英国相继启动了开端计划和教育优先区（Educational Priority Areas，简称 EPA）政策，开始对父母参与对儿童发展的影响进行研究，尤其是随着家长—教师协会（Parent-Teacher Association，简称 PTA）在美国的逐渐壮大，其秉持的"为家长与学校间建立联系纽带、为家庭提供幼儿保育资源、尽其所能保障儿童福利及促进儿童健康发展"的理念也相应得到了广泛的传播。这也使众多研究者开始关注父母参与对儿童发展的重要作用。

关于父母参与的定义，基于侧重点的不同，学者们提出了不同的看法。一些研究者以家庭为出发点对父母参与进行解析。Bloom（1980）指出，父母参与是父母对儿童学习成绩的深层期望及其外在表现。也有研究者指出，父母参与侧重指父母在家中对儿童学习活动的监控以及指导（Marjoribanks，1983）。也有很多研究者从学校的角度将父母参与定义为父母与儿童谈论有关学校的事情（Christenson et al.，1992），但 Stevenson 和 Baker（1987）指出，父母参与不应该只停留在谈论层面，而应该是父母身体力行，参与到学校的活动中。直至 20 世纪 90 年代，研究者才开始从父母和学校两个层面解读父母参与。Epstein（1991）指出，父母参与是指父母与老师对关于孩子学习方面的问题进行交流。当前普遍认可的关于父母参与的定义源于 Seginer（2006），即父母参与包括主观与客观两个方面，主观方面涉及父母对孩子的教育理念以及发展期望，客观方面指父母在家庭与学校中做出的有利于孩子成长的行为。此外，对于父母参与的含义，中国学者也给出了本土化的解释，即家长以直接或间接的方式参与孩子的教育学习活动，涉及以家庭为本的父母参与和以学校为本的父母参与。其中，前者是指父母在家中督促孩子的学习，为孩子营造良好的学习环境并积极地与孩子就学习问题进行沟通；后者是指父母积极配合学校工作，参与学校活动（马忠虎，1996）。

Gordon（1977）从影响主体的角度将父母参与模式进行了划分，主要包括：

①以家庭为主的模式，即教师或者学校通过家访、家长会等方式为父母提供有关孩子发展、学习的信息。

②以学校为主的模式，是指家庭通过充当志愿者或者决策人的身份参与到学校的工作之中。

③以社区为主的模式，该模式强调家庭、学校以及社区三者的互动，往往表现为学校以及家庭通过社区资源来增加双方的交流。

Swap（1993）则从学校和家庭相互作用的角度将父母参与的模式分为以下四种：

①保护式模式，在该模式下，父母在与学校的相互作用中处于消极被动的角色，父母把自己看作学校教育的"外人"，主张学校教育应由教师决定，他们只是学校教育观点的"接收人"。

②传递信息模式，指家校之间双向沟通，共享信息。

③课程充实模式，指学校和家庭共同利用社区资源，力求通过强化社区资源，加强孩子——尤其是低收入或者低教育水平家庭孩子在学校以及

家庭的学习活动。

④合作模式，指学校与家庭共同努力，制订教育计划，参与教育决策。此外，很多研究者对父母参与进行了维度划分、综合分析，主要涉及交流、行为、监控、态度等方面。表 5-1 列举了几种典型的父母参与的维度划分方式。

表 5-1　父母参与的维度

研究者	维度	举例
Grolnick & Slowiaczek（1994）	行为参与	参与学校活动，辅导家庭作业等
	亲自参与	了解孩子的课程设置，与孩子积极沟通学校状况等
	认知参与	陪孩子去图书馆，监督孩子完成作业等
Miller-Johnson & Maumary-Gremaud（1995）	父母的教育鼓励	到学校做志愿者的频率等
	父母投资	对教育的重视程度等
	教育态度	对成绩的重视、教育的期望等
Singh et al（1995）	父母与儿童的交流	讨论学校里面的情况等
	家庭监控	按时完成家庭作业，学习和游戏的时间分配等
	对孩子的教育期望	教育期望，对学习成绩的重视等
	学校联系与参与	参与家长会，到学校做志愿者等
Sui-Chu & Willms（1996）	家庭讨论	父母与孩子讨论学校里的情况等
	家庭督导	监督孩子的作业完成状况等
	学校沟通	学校主动联系家长，家长主动联系学校等
	学校参与	父母以志愿者身份参加学校活动等

续表

研究者	维度	举例
吴艺方　等（2013）	家庭监控	监督作业的完成、重视孩子伙伴交往情况等
	学业辅导	自行辅导孩子学习等
	亲子沟通	就学习状况进行沟通等
	共同活动	与孩子一起运动、带孩子去博物馆等
	家校沟通	主动了解学校信息，参与家长会等

虽然很多研究者从不同的角度对父母参与的维度进行了划分，但是父母参与的结构并不是一成不变的，而是随着孩子年龄的增长而不断变化。例如，与小学相比，进入高中后，家庭监控在父母参与中的作用会逐渐减小，而亲子沟通、对孩子的教育期望等则会发挥着更多的作用（Hill，2009）。

2. 父母参与幼儿园教育与儿童发展

父母参与对儿童认知的影响是近 30 年来研究者在父母参与领域关注最多的问题之一。大量研究证实，父母参与对儿童认知发展具有积极影响。相对于家庭的社会经济地位来说，父母参与是孩子成功的更为重要的因素，特别是在低收入家庭中，孩子的认知发展与父母参与有着更为直接的关系（李燕芳等，2005）。

为了进一步了解父母参与幼儿园教育对儿童各方面发展的影响，有研究探讨了父母参与幼儿园教育的频率、次数等对儿童的认知发展的影响。如有研究让父母回顾他们在儿童学前时期参与幼儿园教育的情况（如参与幼儿园活动的频率与数量），接着考察父母参与和儿童之后学校表现之间的关系。结果发现，父母参与幼儿园活动的频率和次数与儿童在幼儿园时期和八年级时的阅读成绩呈正相关，父母参与幼儿园活动的频率越高、次数越多，幼儿园时期和八年级时的阅读成绩越高；此外，父母参与幼儿园活动的次数越多，儿童在八年级时的留级率越低（Miedel & Reynolds，1999）。

也有研究者从父母参与的各个维度（父母—教师联系、父母—教师关系质量、父母参与家庭教育、父母参与学校教育等）出发，考察父母参与对儿童今后学业成就的影响，如 Izzo 等人（1999）发现父母参与的各个维度均可以预测儿童今后的学业成就。Arnold 等人（2008）的研究也支持了上述观点，他们认为父母参与幼儿园教育对儿童的语言能力的发展有积极的影响。一项早期教育纵向研究也发现当父母参与到幼儿园教育中后，幼儿的数学和识字能力会有明显提升（Galindo & Sheldon，2012）。这可能是因为当父母在参与幼儿园活动时，感受到教师的欢迎并与教师交流孩子的信息，从而依据信息改善自己和孩子相处或沟通的方式，帮助孩子各方面能力的发展。一些元分析研究也证明了父母参与对儿童学业成绩的积极预测作用（Fan & Chen，2010；Jeynes，2005）。例如，Seginer（2006）对 60 项关于父母参与的实证研究进行总结分析，将父母参与分为基于学校的父母参与（父母在学校里参加的促进孩子教育的活动）以及基于家庭的父母参与（父母在家中进行的推动孩子学习发展的行为），结果发现，基于家庭的父母参与和基于学校的父母参与对孩子的学习成绩都有正向预测作用。

同时，父母参与幼儿园教育不仅可以直接影响儿童的认知发展，还可以通过影响父母参与到家庭学习活动的频率，进而影响儿童的认知发展（Barnett et al.，2020）。Barnett 等人（2020）在研究中指出家长参与幼儿园教育与低收入家庭儿童的幼儿园准备技能直接相关。具体来说，低收入家庭的父母参加幼儿园活动的数量越多，孩子的阅读技能更好。当低收入家庭的父母参加到幼儿园教育活动中时，他们更能意识到儿童阅读能力的重要性，并更能利用到一些其他的社区资源（如图书馆）帮助儿童提升阅读技能。教师也会更加关注父母参与幼儿园教育的孩子，与他们建立更好的关系，从而帮助孩子获取更好的阅读技能。同时研究者也指出，低收入家庭中的儿童更容易从父母参与幼儿园教育中受益。具体来说，当低收入家庭中的父母陪同儿童参与幼儿园活动后，他们也会参与更多的家庭学习活动，这可以明显增加父母对孩子家庭学习活动范围的理解，从而为儿童制定更精确的学习目标，进而对其阅读能力产生积极影响。

许多研究指出，父母参与幼儿园教育与儿童社会适应有着紧密的关系，会积极影响儿童的社会情绪发展。具体来说，父母参与幼儿园家长会等活动，与教师交流儿童在园表现，有助于父母更好地监控儿童的行为，而且家长和教师之间良好的关系也为儿童的在园生活提供了支持，从而促进其社会适应能力的提升。这一观点得到了社会资本理论和社会化理论的支持。社会资本理论认为父母参与幼儿园教育是父母为幼儿提供的社会支持，可以提升儿童适应社会的资本（Astone et al.，1999）。社会化理论将父母看作儿童社会化的主要促进者，他们能为儿童提供教育支持的关键资源，通过帮助儿童获取与学习相关的技能来促进儿童的社会化（Park，2012）。下面将从情绪适应、社会交往、问题行为三个方面阐述父母参与对儿童社会性发展的影响。

从情绪适应来说，研究证实，父母参与对儿童的情绪适应具有积极的预测作用（Cheung & Pomerantz，2011），研究共招募 474 名美国儿童及451 名中国儿童，测查父母参与对其积极情绪和消极情绪的影响，结果发现父母参与的程度越高，儿童的积极情绪越高。Cheung 和 Pomerantz（2011）

的纵向研究也发现，即便控制了儿童先前的情绪功能，父母参与也可以正向预测儿童两年后的积极情绪水平。

父母参与幼儿园教育也会对儿童的社会交往产生影响。例如，McWayne 等人（2004）指出，父母参与程度与儿童和同伴及成人的交往状况呈正相关关系。父母参与幼儿园教育还会影响儿童的社会能力。如王向宇（2010）在研究中也指出，家庭参与幼儿园教育与幼儿社会能力的各个维度（工作取向、领导取向、共处能力、情绪开放性）都显著正相关。

此外，研究者还发现父母参与幼儿园教育可以减少儿童的问题行为。张丹（2017）对 1078 名 3~6 岁的儿童及其父母的问卷调查发现，家校沟通的频率越高，儿童出现侵犯性行为的概率越低。运用美国国家儿童健康与人类发展研究所（NICHD）的早期儿童抚养与发展项目（SECCYD）数据，EI Nokali 等人（2010）考察了父母参与对儿童社会性发展的影响，结果显示，父母参与对儿童问题行为具有显著的负向预测作用，表现为教师所报告的父母参与程度越高，儿童的问题行为越少。并且，父母参与对儿童问题行为的影响在不同气质儿童身上也会表现出差异。例如，有研究指出，当大班儿童消极情绪水平较低时，父亲参与幼儿园教育水平越高，儿童内化问题行为越少；而对于控制水平较低的儿童，母亲参与幼儿园教育水平越高，儿童的攻击性行为越少。研究者对这一现象做出了解释，对儿童来说，父亲参与幼儿园活动，其男性角色可以帮助儿童获得同伴的喜爱，也可以帮助父亲更好地了解幼儿从而帮助儿童解决其内化问题行为；母亲日常跟儿童交流较多，且较多参与幼儿园活动，因此可以对儿童的行为进行监督和引导，从而减少问题行为（汪芳，2017）。

综上可见，父母参与对儿童的发展具有十分重要的作用。但也有证据显示，仅仅让父母参与到幼儿园教育并不像人们普遍认为的那样有利于儿童发展，父母参与也并非越多越好，不正确的父母参与反而会适得其反，对孩子成长造成不利的影响。例如，Silinskas 等人（2013）通过对 2261 名儿童的追踪研究发现，孩子在一年级和二年级的学习成绩（阅读与数学）同父母参与呈明显的负相关关系，这可能与父母不正确的参与形式有关。Barnett 等人（2012）在研究中也指出，对于低收入父母来说，参与家长会可能与学前儿童较差的语言技能有关。也有中国学者的研究发现，教师报告的父母参与学校教育显著负向预测儿童当时的社会能力，同时对 6 个月之后的社会能力也有显著负向预测作用，这可能是因为父母大都是在儿童表现不好时才会与学校联系，父母的这种"问题导向"的参与观念可能导致了上述结果（Barnett et al.，2012；李晓巍，2015）。这些研究结果再一次引起了研究者对于高质量的父母参与的重视。罗良等人（2014）指出，高质量的父母参与包含结构化、自主性支持、关注过程、投入积极情感、父母共同参与以及让孩子感知并且愿意接受六个特征，父母只有科学有效地参与到幼儿园教育中，才能够真正从根本上促进孩子的成长与成才。

3. 倡导家园合作，推进父母参与

我国一直重视家园合作在幼儿发展中的重要地位。1996 年，我国颁布了《幼儿园工作规程》，其中第八章——"幼儿园、家庭和社区"中的第四十八到五十一条明确了幼儿园应主动与家庭配合，共同担负教育幼儿的任务；幼儿园应建立与家长联系的制度、成立家长委员会，让父母参与到幼儿园保育工作中。1999 年，中共中央、国务院颁布了《关于深化教育改革全面推进素质教育的决定》，其中提到："学校、家庭和社会要互相沟通、积极配合，共同开创素质教育工作的新局面。"2001 年，在教育部颁布的《幼儿园教育指导纲要（试行）》中明确指出："家庭是幼儿园重要的合作伙伴。应本着尊重、平等、合作的原则，争取家长的理解、支持和主动参

与，并积极支持、帮助家长提高教育能力。"2012 年 6 月，教育部还颁布了《依法治校——建设现代学校制度实施纲要（征求意见稿）》，规定"家长委员会承担参与教育工作，参与和监督学校管理，促进学校与家庭沟通、合作等职责"。2018 年，习近平总书记在全国教育大会上指出："办好教育事业，家庭、学校、政府、社会都有责任。"2019 年 6 月，中共中央、国务院印发的《关于深化教育教学改革全面提高义务教育质量的意见》中明确提出"坚持立德树人根本任务，坚持'五育并举'，全面发展素质教育"，并把"突出德育实效"放在五育的首位，同时也提出"要密切家校联系，加强家庭教育指导，构建学校—家庭—社会三位一体的协同育人格局"。2019 年教育部的年度工作要点中也明确提出启动家校共育共治机制实践试点。2021 年，教育部年度工作要点中进一步强调"家校社协同育人"，提出"要发挥学校指导作用，明确家长主体责任，研究建立学校家庭社会协同育人体系"。这些政策都明确强调了家园合作的重要性。

近年来，就家长对于家园合作的态度而言，家长越来越认识到家园合作的重要性，参与家园合作的意愿也在不断提高。2011 年的一项调查研究中显示（马爱莲，2011），有四成以上家长把参与幼儿园教育看作是负担，仅 66.8% 的家长认为自己与教师在教育孩子的过程中应该是合作关系。但到 2019 年，国内一项调查显示（项怡，徐微，2019），认为家长参与家园合作活动对幼儿影响"比较大"和"非常大"的家长人数占比总和已经达到 93%；从意愿调查来看，有 92% 家长选择愿意"积极参与"家园合作活动，89% 的家长都不认为参与幼儿园活动是一种负担。

但就目前而言，家园合作的推行过程中仍然存在许多问题。

第一，家长往往是被动参与活动，很少作为家园合作中的主体。目前，家长主要是完成教师和幼儿园要求的任务，如督促孩子完成作业，而一些需要家长有更强的主体性意识、对园方也更有实质性帮助的家园合作，如对教学活动提建议等，则参与不多。也存在部分家长仍然认为教育责任的主体是幼儿园和老师，因而不理解甚至不配合家园合作。

第二，目前家园合作存在形式单一、实效性不强的问题。2019 年的一份调研报告（项怡，徐微，2019）显示，76％的家长认为幼儿园开展的家园合作活动形式单一，往往只有节日表演、公开课等。

第三，家长与教师交流方式多为间接交流，交流频率不高，沟通不深入。62％的家长"希望和教师进行面谈，却缺少这样的机会"（项怡，徐微，2019）。教师与家长往往只会通过一些媒介进行简单的信息交流，或者通过家长会等形式进行集体交流，而这样的交流往往是不够深入且不具有针对性的，不利于幼儿个别化的教育和发展。

家园合作需要家长与幼儿园的共同努力。对于家长，需要做到以下五点。

第一，摆正心态，将自己与教师的地位同等看待，积极与老师交朋友。

第二，多和孩子沟通，主动关心孩子的生活起居，与孩子讨论在幼儿园的见闻。

第三，主动从各种渠道了解幼儿园的各类信息，一旦出现某些想法或意见，及时联系幼儿园教师并予以告知和反馈。

第四，主动参加家长交流会等活动或加入家长委员会，同其他家长直接进行互动交流与经验探讨。

第五，形成主动配合教师完成任务的意识，对于幼儿园以各种形式邀请父母参与的情况采取积极的沟通态度，把孩子的事放在第一位。

另外，对于幼儿教师，也应做到以下五点。

第一，努力提高自身素质，掌握科学育儿的技巧与方式，对父母参与的价值予以深刻认识，并能恰当地付诸实践。

第二，主动利用一切可以同家长碰面的机会（如在家长早晚接送孩子来到幼儿园时）同家长进行沟通与交流。

第三，提高自身换位思考的能力，学会将心比心，从家长的角度出发看待事物，并适时与家长进行沟通。

第四，帮助育儿态度消极的家长树立正确的家长观，主动予以建议与辅导。

第五，主动组织或举办能让家长参与进来的活动，例如家长—教师岗位体验活动、亲子游戏主题活动等。

此外，对于幼儿园管理层，理应最先明确幼儿园在父母参与方面应给予的支持，着力避免闭门造车式的教育，并顺势对幼儿教师开展家园沟通方面的培训，借以提高幼儿园教师的素质水平。另外，针对教师与家长互动采取消极态度的情况，及时对行为不恰当的教师进行教育，同时利用互联网建立起家长与幼儿园互动的平台，并适时举办如家长开放日、家长座谈会等活动，主动向家长介绍与汇报幼儿园的各项情况，同时收集家长建议，最大程度去争取家园配合。

综上，家园合作是在家庭与幼儿园建立伙伴关系的基础上实现的，在家园合作的过程中始终要明确履行尊重、平等、合作的原则，才能积极有效地开展家园合作，因而无论从家长的角度还是从幼儿园的角度，都应该对家园合作予以高度重视，并应相辅相成、步调一致，协同优化家园合作模式，以更好地促进儿童的发展与成长。

3

第三部分
PART THREE
评估与促进：
了解孩子、助力成长

第 6 讲

国际做法

　　有效的评估是了解孩子、为其构建良好生态环境进而促进其健康发展的基石。为了促进儿童更好地发展，世界各国的研究者一直在努力探索，致力于有效评估儿童的早期成长和心理环境状况，并进一步采取合适的方式创设良好的早期成长环境、助力儿童的健康发展。

一、政策引领方向，保障早教实施

　　近年来，随着经济发展和人民物质文化水平的提高，各国人民开始日益关注儿童早期教育，对该阶段教育的需求也越来越大，因此，许多国家和组织制定了一系列政策，开展了许多国家范围的研究和干预计划。例如，2014 年 4 月，国际权威杂志《科学》（*Science*）刊载了一篇对美国"卡罗莱纳州启蒙计划"（ABC）20 余年纵向数据的研究报告《儿童早期投入能够极大地促进成年期健康》（*Early Childhood Investments Substantially Boost Adult Health*），其结果表明贫困儿童如果在早期阶段得到高质量的早期教育干预，在成年以后会比那些没有得到干预的贫困儿童的身体更加健康。因而，在儿童早期发展阶段对其提供一些干预和促进活动至关重要。接下来，我们将分别介绍一些国际组织和国家对早期教育的政策关注及相关实施情况。

1. 国际组织的早期教育倡导

一直以来，国际组织对儿童早期教育非常重视，它们对影响早期儿童发展的各个方面进行了深入探讨，涉及到贫困儿童的保育和教育、教育公平、家庭教育等多个方面。

经济合作与发展组织（OECD）

经济合作与发展组织（Organization for Economic Co-operation and Development，简称 OECD）作为一个由 30 多个市场经济国家组成的政府间国际经济组织，长久以来十分关注教育对经济的推动作用，致力于通过政策和实践促进各成员国教育的质量、公平与效率。

针对儿童早期教育与保育，OECD 于 1996 年召开了以"全民终身学习"（Lifelong Learning for All）为主题的教育委员会部长级会议，对 OECD 早期教育与保育政策专题调查活动的开展起到了直接的推动作用。1998 年至 2000 年，OECD 对美国、英国、瑞典、葡萄牙、芬兰、比利时、澳大利亚等 12 个国家的早期教育及保育工作开展了深入的调研，并在此基础上形成了题为《强势开端：早期教育与保育》（*Starting Strong: Early Childhood Education and Care*）的报告。该报告指出，成功的学前教育必须具备八项基本要素，如让所有的幼儿都能够获得优质的早期教育与保育，早期教育应成为教育中不可或缺的部分，要和教育系统中的其他部分紧密、平等合作，为幼儿终生教育奠定基础，帮助其做好入学准备，等等。

在第一次调研的基础上，2002 年至 2004 年，OECD 及 20 个成员国对儿童早期教育及保育工作进行了更为广泛及深入的调研，并在 2006 年 9 月正式发布第二份调研报告——《强势开端 II：早期教育与保育》（*Starting Strong II: Early Childhood Education and Care*）。报告从十个方面为政府制定早期教育的政策提出了建议，包括幼儿教育的社会背景，早期教育与保育的核心工作是促进幼儿幸福成长，建立专门的管理机构负责服务体系，保证早期教育服务质量等。

2010 年，OCED 发起"提高早期教育与保育质量"（Encouraging Quality in Early Childhood Education and Care）的项目，针对早期教育与保育的政策展开讨论，最终形成第三份比较报告——《强势开端 III：早期教育与保育的质量工具箱》（*Starting Strong III: A Quality Toolbox for Early Childhood Education and Care*）。与前两次报告不同，此次报告把重点放在提升儿童早期教育质量的措施上，并指出《强势开端 III》的五项政策杠杆：设立早期教育质量目标和规程，设计和实施早期课程标准，改进幼儿教师的资格、培训和工作条件，强调家庭和社区参与早期教育，重视数据的收集、研究和监控。

联合国儿童基金会（UNICEF）

联合国儿童基金会（United Nations International Children's Emergency Fund，简称 UNICEF）是当今世界上最主要的儿童权益组织，著名的"生命 1000 天"（1000 Days Movement）活动便是在 UNICEF、WTO、欧盟、盖茨基金会等组织的支持和推动下逐渐开展并壮大起来的。"生命 1000 天"行动指出，儿童从生命最初到 1000 天左右，即从孕期到 2 岁是生长发育的重要时期。良好的营养和教养环境是儿童身体和大脑发育的基础，能降低新生儿缺陷率，并且增强免疫力，充分激发儿童的发育潜力。反之，儿童早期营养缺乏，或者成长环境不良则会对儿童的一生产生消极的影响。

UNICEF 始终坚信，只有通过建立成功的"伙伴关系"才能使早期儿童得到真正的服务与支持，因此，UNICEF 积极与政府、非政府组织、联合国代理机构、社区和当地组织及个体家庭等建立合作关系，形成了早期儿童发展协商小组（Consulting Group on Early Childhood Care and Development，简称 CG）、应急准备跨机构教育网络（An International Network for Education in Emergencies，简称 INEE）、联合国女童教育倡议（The United Nations Girls' Education Initiative，简称 UNGEI）以及联合国儿童权利委员会（The Committee on the Rights of the Child，简称 CRC）等合作形式。UNICEF 与各国政府合作开展的早期儿童养育与发展项目（简称 ECCD）提出从出生起为儿童提供良好的保健、营养、保育和教育等方面的服务，从而促进儿童身心的健康发育，帮助其养成良好的性格和生活习惯，促进其情绪和社会性的发展，使其学会初步的合作交往能力，提高学习的愿望和能力，以此帮助每个儿童有良好的开端。另外，联合国儿童基金会也一直倡导各国际机构、政府部门等协同制定儿童早期发展的国家政策，现在已有超过 70 个国家针对儿童早期发展建立了国家委员会。

此外，UNICEF 的早期教育政策也经历了一系列的变革。1973—1985 年，UNICEF 重点为儿童的社会心理发展提供良好的社会环境，满足孕妇及新生儿的特殊需要，实施有利于 3 至 6 岁儿童发展的援助项目。1986—1999 年，UNICEF 将目光转向教育机构，致力于对学前教师进行培训，开发学前教育课程标准，并在农村学前教育课程中融入健康、免疫、营养等内容，为其提供教具等物质援助。2000 年至今，UNICEF 则主要帮助各国制定儿童早期发展政策，实施儿童养育方案，由专业人员与家长进行一对一的交流，鼓励家庭、社区为儿童提供健康的成长环境。

2018 年，为促进全球 3 岁以下儿童的全面发展，UNICEF 和世界银行合作，制定了《培育性照护框架》（Nurturing Care Framework for Early Childhood Development），从良好的健康、充足的营养、回应性照护、早期学习、安全保障五个方面界定了儿童早期发展的重要内容。并且，从四个方面提出了这一框架的实施路径，包括基于卫生机构的干预、基于托育机构的干预、基于家庭和社区的干预、基于媒体的干预。以期搭建一个政府投入支持、各部门协同工作、依托社区、聚焦家庭的整合性儿童早期发展的综合干预体系，如图 6-1 所示。

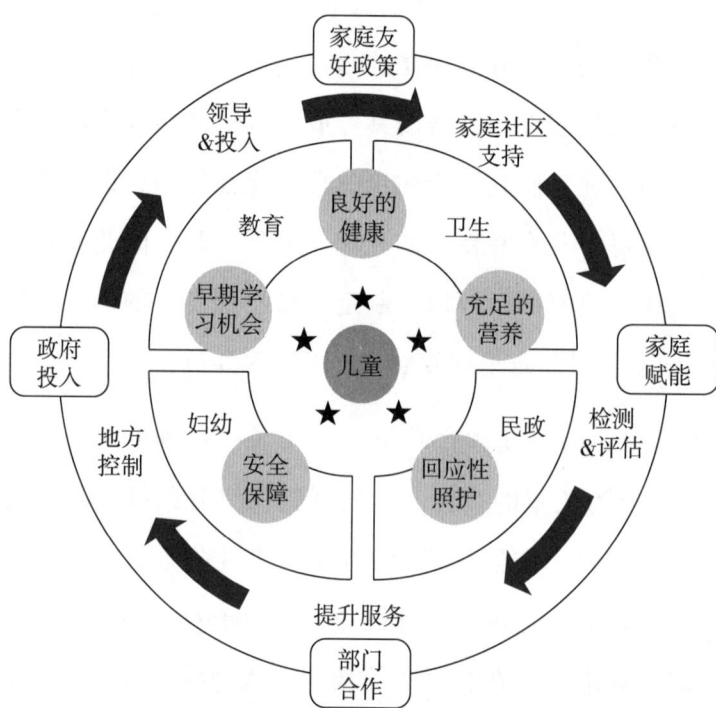

图 6-1 《培育性照护框架》中儿童早期发展综合干预体系的框架设想
（UNICEF，2018）

世界银行（WBG）

世界银行集团（World Bank Group，简称 WBG），简称世界银行，成立于 1945 年，是联合国所属的国际金融机构，也是全球范围内项目最多、投资最大的援助机构。在创办之初，其使命是帮助那些在第二次世界大战中遭受战争摧残的国家进行恢复重建，而时至今日，其使命变成了在一代人的时间内，终结极度贫困，促进共同繁荣。

教育一直是世界银行重点关注的问题之一。由于世界各国以及地区间的差异较大，世界银行针对不同国家或地区的教育投资重点也不尽相同。例如，考虑到儿童早期发展在非洲各国政府的政策关注中大多处于缺失状态，世界银行从数十年前便开始对非洲各个国家教育项目投入大量资金。2000 年，世界银行建立了儿童早期发展虚拟大学（Early Childhood Development Virtual University，简称 ECDVU），旨在提高撒哈拉以南非洲国家学前教育的领导能力，并把提升此领导能力当作是维护儿童、家庭和社区福利甚至社会经济发展的重要策略。ECDVU 据此提出了三大目标：一是开发参与该项目的非洲国家学前教育的领导能力，并尽可能推广至整个撒哈拉以南非洲地区。二是培养学员学前教育的理论理解能力、学前教育实践知识和技能。三是着力支持并进一步扩大撒哈拉以南非洲的学前教育发展网络。

2. 对早期教育的政策关注

许多国家都把为儿童提供早期保健、保育和教育服务作为国家优先发展的领域。

首先，体现在多国对于早期教育的投入方面。经济合作与发展组织（简称 OECD）2007 年的数据显示，许多国家，对学前教育的投资已经成为 GDP 支出的重要组成部分，如图 6-2 所示。例如，瑞典作为一个人口只有 900 万的国家，科技、经济发展十分迅速，这与瑞典一直重视早期教育和公平教育有关（Bernanke，2007）。作为瑞典社会保障系统的一部分，父母亲任何一方在孩子出生期间可以请 12 个月假，而仍然可领取 80% 的工资。
对于每个学前儿童，父母亲也可以在孩子生病期间留在家中照看孩子，每
年可请 60 天假。

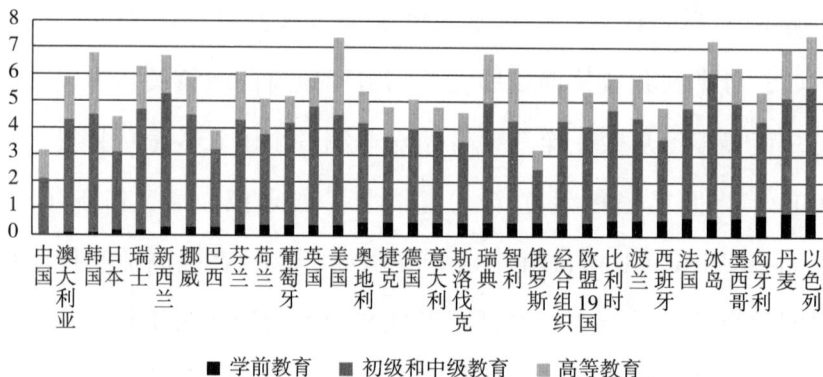

图 6-2　有关国家各阶段教育公共支出占 GDP 的比例比较
（OECD，2007）

　　其次，体现在制定了有关早期教育的国家计划，这些国家计划和项目
不仅关注儿童本身的早期教育，还致力于为父母、教师和儿童照料人员等
提供如何对儿童进行教育的科学指导。例如，美国政府于 1965 年在全美范
围内推行"开端计划"，为来自低收入家庭的 3~5 岁儿童提供健康、服务、
教育以及生涯发展于一体的综合性教育补偿（具体可见第三部分）；英国政
府于 1998 年制定了"国家儿童照料战略"，明确把扩大看护儿童服务范围、
向相关早教机构提供资助、为适龄儿童提供托幼管理服务和特殊教育服务
及提高早期教育服务质量等作为主要发展目标；新西兰政府于 2002 年颁
布了一项长达十年的学前教育战略规划——《未来之路》（*Pathways to the
Future*），计划在十年的时间内，显著提升学前教育质量及儿童学前教育的
参与度，充分改善家长、学前教育机构及其他教育部门之间的相互关系，

以适应日益多样化的学前教育需求。

最后，体现在重视早期教育的教师队伍建设。早在 1949 年，日本便颁布了《教育职员许可法及其实行法》，明文要求预从业者必须知识广博、专业功底扎实，而且在修满大学规定的学分、经过十分严苛的考核后，才能够获得教师录用资格。除了培养和幼师选拔制度上的高要求，日本政府还要求取得幼儿园教师资格证后的教师也必须根据政策要求定期接受培训，并通过官方培训机构的能力素质考评。再比如，英国政府在幼儿教师的职前教育中开展了诸多高学历层次的项目，例如，2006 年启动的"早期教育专业教师培训项目"（Early Years Professional Status，简称 EYPS），旨在对教师资格准入进行严格把关，并建立一批具有本科学历水平的幼儿教育师资队伍，2013 年卡梅伦政府在借鉴该项目的基础上出台了"早期教育教师项目"（Early Years Teachers，简称 EYTS），除了对教师进行培训，还增加了对培训机构的严格认证和培训实力评价，以追求卓越的幼儿教育质量。

此外，许多国家也布局并开展了大量有关早期教育经验与儿童发展的大型研究和干预项目。许多国家的研究机构也针对儿童早期经验与个体发展的关系开展了一系列大型研究。例如，"早期儿童纵向研究项目"（Early Childhood Longitudinal Study，简称 ECLS）和"早期儿童抚养与发展项目"（Study of Early Child Care and Youth Development，简称 SECCYD）等。这些项目都着重考察了儿童早期心理环境（儿童出生状况、早期抚养经历、学前教育经历、家庭环境特征、父母教养行为等）与其未来认知、学业和社会能力发展之间的关系，并为国家早期教育政策的制定提供了良好的指导。并且，为了推动国家早期教育事业的发展，许多国家也开展了一系列以家庭、学校或社区为中心的早期教育干预项目，例如"开端计划项目"（Head Start）、"有效学前教育项目"（The Effective Provision of Preschool Education Project，简称 EPPE）等。

二、开展追踪评估，引领研究前沿

国际上开展了大量综合的、动态的儿童早期成长环境及发展状况的追踪评估项目，从多个层面及角度对儿童的成长环境及发展状况进行全方位的考察，为相关政策的制定、儿童发展干预措施的制定提供了实证依据。

1. 国际早期发展评估项目（IELS）

"国际早期发展评估项目"（The International Early Learning Study，简称 IELS）是 OECD 在"学生能力国际评估项目"（PISA）的基础上于 2016 年实施的一项针对 4.5~5.5 岁儿童的发展评估项目，又被称为 PISA 的学前版。

2018 年，该项目对英国、爱沙尼亚和美国的近 7000 名儿童进行了评估。评估内容主要包括早期教育环境、家庭环境等。具体的评估内容和指标如图 6-3 所示。

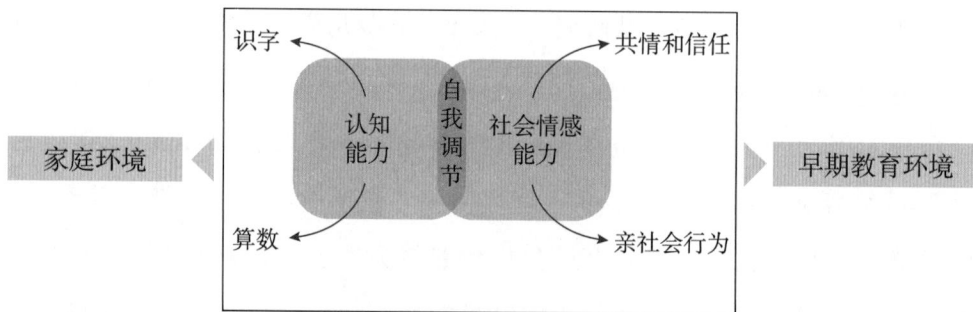

图 6-3　IELS 项目的评估指标框架
（OECD，2020）

从儿童的早期发展状况来说，该项目主要从认知能力、自我调节能力和社会情感能力三个方面进行评估。其中，认知能力主要涉及识字能力和算数能力两个方面。自我调节能力是指儿童是否能够有效地记忆和运用信息、调整冲动行为并有效适应环境的能力。社会情感能力则主要包含儿童是否可以与他人建立友好的人际互动关系、调节自身情绪以及理解他人的能力，项目还特别对早期儿童的共情能力和亲社会行为加以关注。

对于早期成长环境的评估则主要从家庭环境和早期教育环境两方面展开。家庭环境主要涉及家庭的社会经济地位、家庭成员构成（兄弟姐妹、隔代抚养等）、移民 / 流动状况、家庭教育环境等方面，早期教育环境主要包括是否接受过早期教育、接受早期教育的时长、开始接受早期教育的年龄等信息。

IELS 项目是继 PISA 项目后又一项大型的跨国教育测评项目，不仅对参与国家自身的早期教育与儿童发展状况进行报告，也通过跨国比较帮助各国找到自己的优势和不足。这个项目的开启表明了国际上对于儿童早期发展的重视，也开启了国际性儿童早期发展评估的新局面。

2. 早期儿童纵向研究项目（ECLS）

"早期儿童纵向研究项目"（Early Childhood Longitudinal Study，简称 ECLS）是全美涉及范围最广的针对儿童的纵向研究项目。该项目由美国教育部资助，由美国教育部国家教育统计中心（National Center for Education Statistics，简称 NCES）统筹，对来自全美的 22000 名不同阶级的儿童及家庭进行纵向追踪研究。该项目旨在通过描述儿童的身体发育变化、早期教育经历和学习发展过程为政策制定者和社会科学家提供具有全国代表性的参考数据信息。ECLS 项目共包括三个大规模的纵向研究，分别是出生组

（ECLS-B）、1998—1999 年幼儿园年龄组（ECLS-K）以及 2010—2011 年幼儿园组（ECLS-K：2011）。项目基本情况见表 6-1。

表 6-1　三个纵向研究的基本情况

	出生组 （ECLS-B）	1998—1999 年幼儿园组（ECLS-K）	2010—2011 年幼儿园组（ECLS-K：2011）
对象	将近 14000 名 2001 年出生在美国的儿童，从出生追踪至幼儿园	1998—1999 年进入幼儿园的儿童，从入园追踪至八年级	2010—2011 年进入幼儿园的儿童，从入园追踪至五年级
时间	①9 个月（2001 年） ②2 岁（2003—2004 年） ③4 岁（2005—2006 年） ④入园后（2006 年秋季、2007 年秋季、2007—2008 年）	①入园（1998—1999 年） ②入园后（1999—2000 年春季和秋季） ③三年级春季（2002 年） ④五年级春季（2004 年） ⑤八年级春季（2007 年）	①入园（2010—2011 年） ②一年级春季和秋季（2011—2012 年） ③二年级春季（2013 年） ④三年级春季（2014 年） ⑤四年级春季（2015 年） ⑥五年级春季（2016 年）
内容	①综合各种环境考察儿童认知、社会、情绪和身体发展 ②儿童进入小学后的信息	①儿童认知、社会、情绪和身体发展 ②家庭、学校、班级及教师信息	①儿童认知、社会、情绪和身体发展 ②家庭、学校、班级、教师信息以及课前和课后服务信息
被调查者	儿童、父母、老师、抚养人	儿童、父母、教师、抚养人、学校负责人	儿童、父母、教师、抚养人、学校负责人

ECLS 项目通过长期的跟踪调查，获取了儿童从出生到八年级各个阶段的成长信息，以及家庭、学校、社区等因素与儿童发展、学前教育、儿童在校表现之间关系的数据，这些数据为研究儿童早期经验与未来发展之间关系的问题提供了全面、可靠的信息。通过分析该项目采集到的信息，可以更加全面地了解美国从 20 世纪末到 2016 年的学前教育发展进程及趋势。

这些数据与信息的合理使用不仅能够为儿童建立个性化的成长档案，而且能够在儿童、家庭和学校之间搭建交流平台，帮助教育者为儿童提供科学有效的教育。此外，美国国家教育统计中心也能为学前教育的决策者、研究者和评估者提供公开的教育数据，帮助他们了解家庭、课堂、学校和社区因素与儿童身心发展之间的关系，立足解决学前教育发展问题，不断完善教育政策。

3. 早期儿童抚养与发展项目（SECCYD）

"早期儿童抚养与发展项目"（Study of Early Child Care and Youth Development，简称 SECCYD）由美国国家儿童健康和人类发展研究所（NICHD）于 1991 年发起，分婴儿期（1991—1994 年）、童年早期（1995—1999 年）、童年中期（2000—2004 年）以及青少年中期（2005—2007 年）四个阶段，对来自美国 10 个自治州的 1364 名儿童及其家庭进行了为期 17 年的追踪，以期了解儿童的养育过程及与其社会性、认知、健康以及学业成就等方面的关系。

SECCYD 的评估内容主要涉及儿童发展、儿童养育以及家庭环境在内的多个变量。项目综合运用了观察、访谈、问卷、测验等多种方法，考察了儿童在社会性、智力、语言、行为问题以及身体健康等多方面的发展状况。从儿童养护和家庭环境特征方面来说，研究内容包含家庭社会经济地位、家长信息（气质、抚养压力、是否吸烟、怀孕信息、种族、生活事件、与孩子的关系、与看护者的关系、对孩子的期望、父母参与情况）、家庭环境（家庭结构、生活环境、教养环境）等。

其中，项目对家庭环境的测量主要是基于《家庭养育环境测查表》（Home Observation for Measurement of the Environment，简称 HOME）。HOME

量表是当前世界范围内应用最为广泛的评估父母为 0~6 岁儿童提供的刺激性环境以及家庭支持的量表之一。该量表由 Bradley 和 Caldwell 于 1977 年编制，共包括婴儿版（适用于 0~3 岁儿童）和幼儿版（适用于 3~6 岁儿童）两个版本。婴儿版共包括 45 个条目，包括情感 / 回应、限制 / 惩罚、物理环境组织、玩具 / 游戏多少、看护人的参与度、信息刺激多样性 6 个分量表（见表 6-2）。幼儿版共包括 55 个条目，分为学习物品、语言信息、物理环境、家长回应、认知促进、交往模式、活动的多样性和接纳 / 惩罚 8 个分量表（见表 6-3）。

表 6-2　HOME 量表（婴儿版，0~3 岁）

分量表	描述	举例
情感 / 回应	养育者与孩子之间的情感以及言语性交流	①在参观中母亲至少两次主动与孩子交流 ②在参观中母亲至少一次亲吻或抚摸自己的孩子
限制 / 惩罚	成人是如何训导孩子的？	①在参观中主要照顾者（Primary caregiver，简称 PC）没有对孩子大声喊叫 ②在参观中主要照顾者并没有对孩子表现出不耐烦
物理环境组织	孩子在室内以及室外活动的时间是如何规划的？ 孩子的私人时间是如何处置的？	①当主要照顾者离开后，孩子仍旧有接替者进行照顾 ②孩子的游戏环境是安全、无危险的
玩具 / 游戏多少	孩子玩具的数量及其对孩子的适用性	①孩子有至少一个可以进行大肌肉动作的玩具或工具 ②给孩子提供的生活设施是适宜的，例如儿童座椅、游戏围栏等

续表

分量表	描述	举例
看护人的参与度	成人与孩子的接触	①成人保证孩子不离开自己的视线范围，并时常对孩子加以关注 ②成人在工作中时常与孩子进行交流以及沟通
信息刺激多样性	对孩子日常生活的规划以及孩子与他人的接触度	①父亲要经常给予孩子日常关怀 ②大约每月都会有一次对亲戚朋友的拜访或接见

（Tostika & Sylva，2004）

表 6-3　HOME 量表（幼儿版，3~6 岁）

分量表	描述	举例
学习物品	针对儿童智力发展的玩具及活动	①孩子有帮助他们理解颜色、大小和形状的玩具 ②孩子有至少三个智力游戏玩具
语言信息	养育者与孩子进行的为促进儿童言语发展的言语交流	①孩子有帮助他们理解动物名称的玩具 ②孩子被鼓励学习字母
物理环境	家庭住宅	①建筑是安全、无危险的 ②室外活动环境是安全、无危险的
家长回应	养育者与孩子的言语互动	①父母每天保证与孩子亲密相处 10~15 分钟 ②参观过程中父母与孩子至少交流两次
认知促进	对孩子智力发展的鼓励	①孩子被鼓励学习颜色 ②孩子被鼓励学习一些语言

续表

分量表	描述	举例
交往模式	养育者与孩子的关系是存在界限的	①稍稍延迟孩子对食物的满足 ②有限度的看电视
活动的多样性	孩子的室内与室外活动	①孩子有乐器或者乐器的玩具模型 ②每隔一周至少带孩子到室外活动一次
接纳／惩罚	养育者对孩子的训导方式	①过去的一周内至多一次对孩子进行体罚 ②父母至多一次对孩子进行辱骂或大声叫喊

（Totsika & Sylva，2004）

　　针对亲子互动质量、家庭的秩序与整洁程度、亲子互动等内容，HOME量表采用观察与访谈相结合的方式进行测评。研究者需要对儿童及其家庭进行 45~90 分钟的家庭访视，其间观察并记录父母与孩子的互动情况，并对家长进行半结构化的访谈。而针对父母管教、以及孩子的室外活动等情况，则主要采用父母报告的方式进行。目前，HOME 量表也在中国背景下进行了研究，修订后的中文版 HOME 量表可以作为中国早期家庭环境和养育质量的评估工具，尤其是能够应用于对不利于婴幼儿发展的家庭环境要素的筛查。

4. 有效的学前教育项目（EPPE）

　　"有效的学前教育项目"由英国教育部基金支持，由英国多所大学研究者组成的团队联合开展，是欧洲迄今为止最大规模的针对学前教育有效性的调查研究。该项目对英格兰 6 个行政区的来自 141 所幼儿教育机构的共计 3171 名儿童开展了长达 9 年的纵向跟踪调查，核心目标在于探究学前教育对儿童发展的持续影响，勾画优质学前教育机构的特征，评估儿童自身和家庭因素对其发展的影响等。

EPPE 项目的评估主要从两个方面开展。一方面，采用量化分析的方法，在控制儿童个体因素和家庭因素影响的前提下探究学前教育对儿童发展的持续影响。具体的研究内容及研究工具详见表 6-4。

表 6-4 有效学前教育项目的量化评价体系

	阶段	内容	工具	维度	被调查者
儿童发展	初入园（3 岁～4 岁 3 个月）	认知评估	《英国能力量表》	非言语推理、积木构建、词汇命名、言语理解等	儿童
		社会性、情绪	《社会适应性行为评估表》	合作/团结、同伴交往、反社会行为或抑郁行为等	教师
	进入预备班（接近5 岁）	认知评估	《英国能力量表》	非言语推理、模式构建、词汇命名、言语理解、早期数概念、字母识别等	儿童
		社会性、情绪	《儿童社会行为问卷》	自我调节、多动、反社会行为、同伴交往四个分量表	教师
	以上两阶段结束时	认知评估	语言、数学学业成绩	无	儿童
		社会性、情绪	《儿童社会行为问卷》	无	教师
个体和家庭信息	①儿童出生体重、性别、语言、出生顺序、健康状况和发展问题等信息				
	②父母受教育水平、职业及就业状况、家庭结构、父母教养态度及家庭教育情况等信息				
	③运用《家庭学习环境调查表》测查 3 岁前儿童的看护历史				

（Sammons et al., 2007）

另一方面，研究者根据收集到的资料，筛选出 12 所有效的学前教育机构并对其进行个案研究。主要涉及以下两个方面的工作：

①通过定期的自然观察和对负责人的访谈，获取有关园所规模、师幼比、员工培训、教学目标、政策、课程和父母参与情况等信息。

②运用《早期教育环境评价量表修订版》（ECERS-R）对园所环境进行测评。

该工具由 Harms 等人（1998）编制，由专业人员对适用于招收 2.5~5 岁儿童的托幼机构进行从 1 分（不足）至 7 分（优良）的评价，涉及空间和设施、日常生活护理、语言 / 推理、活动、互动、作息结构、家长和教师 7 个子量表，包括 43 个评价项目，共计 470 个具体评价指标（见表 6-5），是当前最著名的幼儿园环境评估工具。

表 6-5　ECERS 量表评价体系

子量表	评价项目	
空间和设施	①室内空间	⑤私人空间
	②用以常规保育、游戏和学习的家具	⑥与儿童相关的摆放布置
	③放松休闲的家具设备	⑦纯粹用来进行汽车游戏的空间
	④针对游戏的房间布置	⑧总体的玩具汽车装备
日常生活护理	①问候 / 离开	④如厕 / 换尿布
	②膳食 / 点心	⑤健康练习
	③午睡 / 休息	⑥安全练习
语言 / 推理	①书籍与图书	③利用语言促进发展
	②鼓励儿童交流	④非正规使用语言

续表

子量表	评价项目	
活动	①精细肌肉活动	⑥戏剧表演
	②艺术	⑦自然 / 科学
	③音乐 / 活动	⑧数学 / 数字
	④积木	⑨利用电视、录像、计算机
	⑤沙 / 水	⑩提高对各种活动的监管
互动	①对总体运动活动的监管	④师生互动
	②一般监督	⑤儿童之间的相互交往
	③纪律	
作息结构	①时间规划	③集中时间
	②自由时间	④满足特殊儿童的需要
家长和教师	①家长的设施	④员工之间的相互作用与合作
	②员工个人需要的设施	⑤对员工的监督与评价
	③员工职业需要的设施	⑥职业发展的机会

（Damon，Lerner，2006）

EPPE 项目是英国"基于证据的政策制定"（Evidence Based Policy Making）的典范，其研究成果对英国政府进行的宏观教育决策产生了巨大的影响，对英国学前教育的政策改革产生了重要作用。

三、实施教育干预，普惠所有儿童

基于儿童早期发展的重要性以及当前在儿童早期发展和教育方面存在的问题，国际上许多国家实施了旨在提升儿童家庭养育质量、促进学前教育发展的大型教育干预项目，并特别针对贫困地区、低收入家庭，以及少数种族儿童进行补偿性的干预，通过教育开端的公平促进教育的整体公平发展（见表 6-6）。

表 6-6 　国际早期儿童教育干预项目

项目名称	实施国家	开始时间	项目内容
佩里学前教育研究 （Perry Preschool Study）	美国	1962 年	对美国低收入家庭儿童进行系统性的学前教育
开端计划 （Head Start）	美国	1965 年	为来自低收入家庭的儿童提供优质全面的服务，促进其健康成长
早期儿童综合性发展计划（Integrated Child Development Services，简称 ICDS）	印度	1975 年	由联合国儿基会、世界银行、世界食品项目等国际组织资助，印度本国政府也投入一定资金，由项目服务实施平台——安格瓦迪中心（Anganwadi Central）负责经费支出，用以满足农村贫穷地区、城市贫困儿童等弱势群体儿童学习发展、营养健康方面的需要
确保开端 （Sure Start）	英国	1998 年	通过扩大社区合作、保教一体、咨询指导等手段来扩展和提升儿童教育和保育的数量和质量
促进幼儿参与计划 （Promoting ECE Participation Program）	—	2001 年	针对毛利人、太平洋岛屿族裔和低社会经济背景的儿童，旨在保证这些儿童拥有公平的受教育机会，提高他们的入学率
20 小时幼儿教育计划 （20 Hours Early Childhood Education Programme，简称 20Hours ECE）	新西兰	2007 年	由新西兰政府出资，为 3~5 岁儿童提供每天 6 小时、每周 20 小时的免费学前教育

下面，我们主要对"佩里学前教育研究"（Perry Preschool Study）、"开端计划"（Head Start）和"确保开端项目"（Sure Start）进行详细介绍。

1. 佩里学前教育研究

"佩里学前教育研究"是美国最早启动的也是最知名的有关早期教育的干预性研究项目。该研究由美国 HighScope 教育研究基金会组织，旨在通过对美国低收入家庭儿童进行系统性的学前教育，考察学前教育对于儿童发展的影响。

项目于 1962 年开始在密西根州的耶浦斯兰缇招募了 123 名来自贫困黑人家庭的 3~4 岁儿童，并将其随机分为实验组和对照组。实验组中的 58 名儿童接受具有早期教育资格的幼儿教师根据基金会制定的课程开展的教育活动，包括智力、社会性、身体发育等活动。在对实验组儿童进行完为期两年（每年 30 个学习周）的教育活动后，所有的儿童（包括对照组、实验组）都会进入同一所学校学习。此后，研究者会对被试的发展状况进行长期的追踪评估，直至他们 19 岁。结果发现，实验组的儿童在智力发展、学习成绩、毕业率、文化水平以及就业等方面要明显优于对照组的儿童，而在未成年怀孕、失业、犯罪等方面的发生率则明显低于对照组儿童。

佩里计划是美国最早开展的，也是最经典的学前教育长期效果的研究。该计划证实了学前教育对于个体发展的巨大作用，这迅速引起了社会各界对学前教育的重视。基于佩里计划的重要发现，美国相继开展了一系列的学前教育干预计划，著名的"开端计划"（Head Start）便是其中之一（详见下文）。英国也深受佩里计划的启发，并在此基础上开展了大规模的学前教育调查研究并出版了《儿童与初级学校》《教育白皮书》等专著。

2. 开端计划

"开端计划"是美国政府于 1965 年启动的致力于为低收入家庭的 3~5 岁儿童提供综合性服务的教育补偿项目。截止到 2019 年，该项目已经为全美 3600 万名儿童提供了包括早期教育在内的各项综合性服务。项目以"增强低收入家庭儿童的社会竞争力"为总体目标，从健康服务、社会服务、家长参与服务以及生涯发展服务四个方面为早期儿童及其家庭提供教育干预。

在健康服务方面，"开端计划"着重在兼顾特殊儿童的基础上，与社区服务机构一同对儿童的健康问题进行预防及治疗，其中又涉及语言服务、健康教育、牙齿健康服务与营养教育四个部分。

在社会服务方面，"开端计划"着重提高家庭的生活质量以及家长的能力，服务形式包括临时保姆、校车助手、园艺园丁、音乐活动、讲故事以及图书管理员等。另外，项目还依靠社会工作者的协助，为低收入家庭提供多种形式的社会帮助，如提供护士、营养师和心理咨询的服务。

在家长参与服务方面，"开端计划"认为，改变儿童的生活需要父母的参与。为了保证项目实施的有效性，项目直接将家长参与服务当作一种手段，并从家长参与、技能培训、社工与家长沟通、家长与邻里之间的互动四个方面，使家长参与孩子的教育，指导孩子成长。家长参与服务主要涉及四种方式：

①家长直接参与"开端计划"的实施与决议。

②家长以志愿者、考察员或社会工作者的身份参与儿童的课堂活动。

③家长接受"开端计划"工作人员的调查及访谈。

④父母参与项目培训及教育活动。

在生涯发展服务方面，为了解决早期教育教学质量低的问题，"开端计划"也对提升教师的职业能力和专业素养提出了要求。为此，项目管理者启动了"开端计划补充培训项目"（Head Start Supplementary Training，简称 HSST）和"儿童发展协会项目"（Child Development Association，简称 CDA），分别致力于为职员提供普通教育和早期教育的培训指导。

"开端计划"作为美国诸多学前教育计划中持续时间最久、效果最为出色的反贫困计划，既推动了针对美国贫困儿童早期教育的发展，也减少了美国接受特殊教育儿童以及留级儿童的数量，在美国乃至国际早期教育发展史上都占据了十分重要的地位。

3. 确保开端项目

1998 年，英国政府斥巨资开展"确保开端项目"，以家庭为切入点、社区为依托，面向处境不利地区的家庭与儿童，从早期教育、儿童保育、家庭支持及医疗卫生四个方面对儿童的健康发展予以保障。

在早期教育方面，"确保开端项目"依托各个社区积极创办早期教育机构，顺势开展早期教育从业人员的招募及高质量培训工作，建立"流动玩具图书馆"，力争从身心健康、团队合作等方面来改善处境不利儿童的状况。此外，顾及残疾儿童的需求，联邦政府又特别增设了"参与计划"（Involvement Program），旨在让其能够同正常儿童一样参与到学习与活动中，保证"确保开端项目"覆盖到每一位残疾儿童，促进残疾儿童家长间的沟通与交流等等。

在儿童保育方面，"确保开端项目"招募并培训了大批退休人员成为志愿者，并借助新闻、广播、网络等媒体向广大家长传授育儿知识，聘请相关专家开展形式多样的科学育儿讲座，借此提高家长的科学育儿能力。

在家庭支持方面，"确保开端项目"向父母提供职业技能培训以及丰富的就业信息，借以解决他们的就业问题。项目在每个家庭都设立有联络员，借以解决家庭矛盾，提供保育信息。

在医疗卫生方面，项目的工作重心在于为优生优育提供充足的保障，例如，向处境最不利地区的孕妇提供医疗卫生服务。另外，"确保开端项目"的志愿者会定期对处境不利儿童的家庭成员的健康情况进行评估，借以提高父母及孩子的健康意识，并最大程度地保障儿童的健康成长。

由于"确保开端项目"最终的评估得到了积极的结果，社会各界也给予广泛好评，英国在此基础上提出了"最好开端计划（Best Start）"，希望以此能让英国儿童接受到最好的学前教育。

对早期教育的重视程度和开展情况已经成为衡量各国综合国力、人口素质、未来竞争力的重要指标。教育管理工作者、一线教育工作人员、研究人员、社会工作者等各层面人员都从不同角度为早期教育的普及化、科学化和公平化开展贡献着力量。

第 7 讲

中国经验

根据 2010 年第六次人口普查数据，我国 6 岁及以下儿童已达 1.05 亿，占全国总人口的 7.88%，其中，0~3 岁儿童有 6 千余万，占到 0~6 岁儿童的 57.4%。对于 0~6 岁儿童的教育可以划分为 0~3 岁和 3~6 岁两个阶段。其中，针对 3~6 岁幼儿的教育主要依托幼儿园的集体教育开展，伴随着国家颁布实施《3~6 岁儿童学习与发展指南》，自 2011 年开始统筹实施三期学前教育三年行动计划，以及《关于学前教育深化改革规范发展的若干意见》等系列政策的推进实施，截至 2019 年，我国学前三年毛入园率达到 83.4%，已经形成政府主导、社会参与、公办民办并举的学前教育体系。对于 0~3 岁儿童的教育，目前则主要依托家庭、辅以社区和托幼机构等开展。从改革开放后广泛设立托儿所等服务机构，到今天国家进一步高度重视 0~3 岁婴幼儿的照护服务，制定《关于促进 3 岁以下婴幼儿照护服务发展的指导意见》《托育机构设置标准（试行）》《托育机构管理规范（试行）》等标准和政策，我国正努力打造一个政府重视支持、多部门联动、依托社区和家庭的 0~3 岁婴幼儿照护服务支持体系。

本讲将就我国在 0~3 岁、3~6 岁儿童教育方面的政策、开展的有关评估研究和干预帮扶工作进行阐述，并特别介绍有关机构针对我国偏远贫困地区、少数民族地区开展的早期教育扶贫工作，以及我们团队开展的有关 0~6 岁儿童的研究、评估和促进工作。

一、政策保障，全面重视 0~6 岁儿童教育

随着经济发展和社会进步，我国也越来越认识到早期教育的重要性，相继制定出台了一系列与儿童早期发展与教育有关的政策、法规、意见等。2016 年 10 月，国务院印发的《健康中国 2030 规划纲要》中重点提出要开展儿童的早期教育发展和干预工作；2017 年 12 月 20 日，中央经济工作会议将"解决好婴幼儿照护和儿童早期教育服务问题"与"减负""择校热""大班额"作为"提高保障和改善民生水平"的重要问题。推动 0~6 岁儿童的科学教育与健康发展已经成为我国教育事业中的一个重要议题。

1. 面向 3~6 岁学前教育的政策

在我国，面向 3~6 岁儿童的学前教育作为"基础教育"的开端，是国民教育体系的重要组成部分，是重要的社会公益事业。国家通过普及学前教育，为适龄儿童接受学前教育提供充足的保障，满足适龄儿童入园需求，通过小、中、大班在体、智、德、美、劳等方面的连续三年教育，促进幼儿身心和谐发展，使儿童在身心健康、习惯养成、智力发展等方面为进入小学打下坚实的基础。

进入 21 世纪，在保障 3~6 岁儿童接受良好的学前教育方面，我国政府也相继出台了多项文件。例如，在有关早期教育的内容领域方面，2001 年，教育部颁布了《幼儿园教育指导纲要（试行）》，强调早期儿童教育是基础教育的重要组成部分，是学校教育与终身教育的起始阶段，并从健康、语言、社会、科学、艺术五个领域提出了幼儿发展的目标、内容与要求以及指导要点。同年 5 月，国务院颁布了《中国儿童发展纲要（2001—2010 年）》，该纲要以"促进 0~3 岁儿童早期综合发展"和"基本普及学前教育"为目标，从儿童健康、教育、法律保护和环境四个领域提出了儿童发展的

主要目标和策略措施，提出"积极开展 0~3 岁儿童科学育儿指导"和"加快发展 3~6 岁儿童学前教育"。2012 年，教育部颁布了《3~6 岁儿童学习与发展指南》，对儿童早期的学习与发展目标做出了规划，旨在帮助幼儿园教师和家长了解 3~6 岁幼儿学习与发展的基本规律和特点，使用恰当的教育方式促进孩子的健康成长。该指南将幼儿的学习与发展分为健康、语言、社会、科学、艺术五个领域，详细具体地描述了 3~4 岁、4~5 岁、5~6 岁的幼儿在各领域发展的期望水平，并对家长和幼儿园老师在环境创设、活动内容设置、情绪情感的表达和控制等方面提出了教育建议，这对家长养育和幼教机构开展教育教学工作具有非常大的指导意义和引领作用。

在提高入园率、普及学前教育方面，2003 年，国务院办公厅转发了教育部的《关于幼儿教育改革与发展的指导意见》，意见指出，2003—2007 年，"全国幼儿教育事业发展的总目标是：学前三年儿童受教育率达到 55%，学前一年儿童受教育率达到 80%；大中城市普及学前三年教育，全面提高 0~6 岁儿童家长及看护人员的科学育儿能力"。2010 年 7 月，《国家中长期教育改革和发展规划纲要（2010—2020 年）》中再次明确要"基本普及学前教育、明确政府职责、重点发展农村学前教育"，并提出 2020 年"学前教育幼儿在园人数 4000 万人，学前一年毛入园率 95%，学前两年毛入园率 80%，学前三年毛入园率 75%"的目标。2010 年 11 月 21 日，《国务院关于当前发展学前教育的若干意见》中提出"统筹规划，实施学前教育三年行动计划"，要求各省（区、市）政府结合本区域经济社会发展状况和适龄人口分布、变化趋势，科学测算入园需求和供需缺口，确定发展目标，分解年度任务，落实经费，以县为单位编制学前教育三年行动计划，有效缓解"入园难"问题。截止至 2020 年底，教育部已组织实施了三期学前教育三年行动计划，我国学前三年毛入园率已达到 85.2%。

2018 年 11 月，中共中央 国务院于进一步发布了《关于学前教育深化改革规范发展的若干意见》，指出"办好学前教育、实现幼有所育，是党和政府为老百姓办实事的重大民生工程，关系亿万儿童健康成长，关系社会和谐稳定，关系党和国家事业未来"，并从优化布局与办园结构、拓宽途径扩大资源供给、健全经费投入长效机制、大力加强幼儿园教师队伍建设、完善监管体系、规范发展民办园、提高幼儿园保教质量、加强组织领导八大方面对进一步完善学前教育公共服务体系，切实办好新时代学前教育，更好实现幼有所育提出了明确要求。并提出：到 2035 年，全面普及学前三年教育，建成覆盖城乡、布局合理的学前教育公共服务体系。

2. 面向 0~3 岁婴幼儿照护与发展服务的政策

改革开放初期，大规模经济建设不断推进，需要大量妇女参与到社会劳动中来。托儿所作为解放妇女劳动力的一种有效手段被使用。1979 年 7 月 24 日至 8 月 7 日，我国教育部、卫生部、劳动总局、全国总工会和全国妇联联合召开了全国托幼工作会议，会议建议在国务院设立托幼工作领导小组及其办事机构，中共中央 国务院于 1979 年 10 月 11 日转发了《全国托幼工作会议纪要》，并强调托幼事业是一项社会性的事业，需要全党全社会的重视，这一举措调动了各级政府、企事业单位和街道社区举办托幼机构的积极性，托幼事业快速发展，一个惠及广大劳动者的公共托幼系统迅速建立起来。1980 年，据 22 个省、市、自治区的不完全统计，城乡婴幼儿入托人数为 3400 多万人，入托率达 28.2%。1981 年 6 月，卫生部妇幼卫生局颁发《三岁前小儿教养大纲（草案）》，提出托儿所教养工作的具体任务。1988 年，城市儿童入托率上升至 38.9%。这种增长趋势在 20 世纪 90 年代中期达到高峰，据统计，1995 年全国各级各类托儿所已接近 27 万所。从 2001 年起，我国政府进一步高度重视 0~3 岁儿童的发展，比如《幼儿园教育指导纲要（试行）》指出幼儿园教育要与 0~3 岁儿童的保育教育以及小学教育相互衔接。

2010 年 7 月，国务院印发了《国家中长期教育改革和发展规划纲要（2010—2020 年）》，特别提出"重视 0~3 岁婴幼儿教育"。2011 年，国务院颁布了《中国儿童发展纲要（2001—2010 年）》，提出"促进 0~3 岁儿童早期综合发展；积极开展 0~3 岁儿童科学育儿指导。积极发展公益性普惠性的儿童综合发展指导机构，以幼儿园和社区为依托，为 0~3 岁儿童及其家庭提供早期保育和教育指导。加快培养 0~3 岁儿童早期教育专业化人才。在 0~6 个月婴儿纯母乳喂养率达到 50% 以上；开展科学喂养、合理膳食与营养素补充指导，提高婴幼儿家长科学喂养知识水平。"

2016 年 11 月，全国妇联联合教育部、中央文明办、民政部等八大部门印发了《关于指导推进家庭教育的五年规划（2016—2020 年）》的通知，要求"加强儿童早期家庭教育指导服务。在 80% 的妇幼保健机构建立孕妇学校和儿童早期发展基地。鼓励妇幼保健机构、幼儿园面向社区和家庭开展儿童早期家庭教育服务与指导，探索建立儿童早期发展社区家庭支持模式"，并明确由妇联、卫生计生、教育等部门负责推进 0~3 岁儿童早期家庭教育指导服务。

2019 年 4 月，国务院办公厅发布了《关于促进 3 岁以下婴幼儿照护服务发展的指导意见》，指出"3 岁以下婴幼儿照护服务是生命周期服务管理的重要内容，事关千家万户……"其中，具体提出了"以家庭为主，托育补充""政策引导，普惠优先""安全健康，科学规范""属地管理，分类指导"四大基本原则和"婴幼儿照护服务的政策法规体系和标准规范体系到 2020 年初步建立，到 2025 年基本健全"的发展目标，部署了加强对家庭婴幼儿照护的支持和指导、加大对社区婴幼儿照护服务的支持力度、规范发展多种形式的婴幼儿照护服务机构三大主要任务，明确了各相关部门职责。

为建立专业化、规范化的托育机构，国家卫生健康委于 2019 年 10 月印发并施行了《托育机构设置标准（试行）》和《托育机构管理规范（试行）》，为托育服务发展提供了制度保障。例如，《托育机构设置标准（试行）》提出托幼机构"应当配备符合婴幼儿月龄特点的家具、用具、玩具、图书和游戏材料等，并符合国家相关安全质量标准和环保标准""一般设置乳儿班（6~12 个月，10 人以下）、托小班（12~24 个月，15 人以下）、托大班（24~36 个月，20 人以下）三种班型"，《托育机构管理规范（试行）》要求"托育机构应当以游戏为主要活动形式，促进婴幼儿在身体发育、动作、语言、认知、情感与社会性等方面的全面发展"。

上述高规格的文件政策表明近年来我国越来越重视 0~6 岁儿童的科学养育、教育与发展，为我国早期教育事业的发展壮大提供了强有力的政策护航。相应的，国家在早期教育方面的经费投入也进一步扩大。据统计，全国学前教育经费投入由 2012 年的 1504 亿元增加到 2021 年的 4227 亿元，年均增长 18.11%，高于其他教育阶段经费投入增速。相应的，我国早期教育也取得了显著成效，学前教育发展水平稳步提升，早期教育事业得到了社会、政府、家长的重视和关注，教育资源不断扩大，普惠普及水平大幅提高，儿童生活与教育环境持续改善，形成了积极向好的早期教育局面。

二、以评促教，促进科学早教

评估就像体检，通过评估，全面了解儿童的发展现状及其所处的成长环境状况，分析问题及原因所在，才能有的放矢地采取有针对性的措施来推动早期教育的科学化开展。近年来，我国在儿童早期发展研究与评估方面开展了从国家到地区再到个别研究的分层、系统化工作，包括国家范围的《幼儿园办园行为督导评估》、各地教育部组织开展的相关评估工作，相关科研机构研究者针对儿童早期发展的特色化、本土化评价研究工作等。对儿童的发展状况及家庭、托育机构、幼儿园等教养环境状况进行定性、定量的综合评估，了解家庭、托育机构、幼儿园教养的适宜性及有效性，促进早期儿童身心健康发展。

1. 儿童早期发展和教养环境的综合性评估

第一，从政府宏观层面来看，国家和教育部主导开展了有关学前教育质量和幼儿园办园行为的综合性评估和督导工作。例如，2015 年 11 月教育部发布的《国家中长期教育改革和发展规划纲要（2010—2020 年）》中期评估之《学前教育专题评估报告》，从学前教育的普及率、教育资源、公益普惠性、经费投入、幼儿教师队伍建设、学前教育管理、社会满意度等方面，对我国江苏、山东、安徽、江西、陕西、四川和甘肃 7 个样本省份的学前教育现状进行了定量分析和定性研究相结合的全面考察。报告指出：我国的学前教育普及率存在显著的城乡差异，尤其是农村地区学前教育的多项指标有待提升；公益普惠的学前教育公共服务网络建设初见成效，但普惠程度不高；学前教育财政性经费占比仍然较低，学前教育发展的长效经费投入保障机制有待建立；教师队伍建设需进一步加强。该评估报告客观地总结成绩、发现问题，为进一步推动城乡学前教育均衡发展、提升幼儿园保教质量提供了科学建议。为完善幼儿园督导评估制度，推动各地加强和改进对幼儿园的监管，促进幼儿园规范办园行为，保障幼儿身心健康、快乐成长，根据《教育督导条例》《幼儿园工作规程》等，教育部制定了《幼儿园办园行为督导评估办法》，于 2018 年启动了幼儿园督导评估工作。这一评估工作有针对性地从办园条件、安全卫生、保育教育、教职工队伍和内部管理等五个方面对全国各地建立学前教育督导评估机制进行了指标细化，要求通过园所自评、专项督查等方式对幼儿园办园行为进行评估。2019 年 6 月，针对已开展工作中发现的"评估对象的选择未突出重点；评估实施程序不规范；业务培训针对性不强，评估人员对评估指标把握不准确"等问题，教育部发布了《关于进一步做好幼儿园办园行为督导评估工作的通知》，提出了持续推动实施、突出评估重点、规范评估程序、使用统一工具、督促问题整改、提交评估报告、明确机构人员等要求，以更好地贯彻落实《中共中央 国务院关于学前教育深化改革规范发展的若干意见》中"加强办园行为督导"的要求，继续做好 2019—2022 年幼儿园办园行为督导评估工作。

第二，我国某些地方政府自主开展了当地的学前教育质量综合评估。我国某些地方政府也使用系统丰富的评估框架和操作性强的指标开展了当地的学前教育质量评估工作。例如，上海市教育评估院针对幼儿园保教质量的不同角度分别制定了幼儿发展评估体系和保教工作评估体系，每一体系都包含二至三个层级指标。其中，幼儿发展评估体系从儿童的体能与健康、习惯、语言与交流、社会性与情感、认知、美感与表达六大领域评价幼儿园育人工作的效果。保教工作体系以幼儿园开展工作的过程性变量为主，囊括园务管理（包含幼儿园理念、制度、队伍建设，以及家园合作状况等方面）、保教实施（主要指以班级为基本单位实施的幼儿生活活动、运动、游戏活动和学习活动等保教工作）、卫生保健和园所环境与条件（主要指人员配置、设备、活动材料）四大维度。上海市的学前教育评估体系在对幼儿园质量监控的基础上突出了对幼儿发展状况和对幼教质量发展性评价的高度重视。此外，上海学前教育评估的一个重要特点还在于将 0~3 岁婴幼儿的早期教养纳入了整体评估框架中，不仅包括对婴幼儿生长发展的评估指标，也包含了对早期教养机构质量评估的指标，同时也包含为家长及社区服务功能的指标，包括 0~3 岁儿童的早教指导服务等（姚宗强等，2014）。这一先行之举对于我国其他省区市建立和完善以幼儿园为中心、依托社区、辐射家长的 0~3 岁婴幼儿早教服务与指导体系，具有十分重要的借鉴意义。

此外，2012 年，北京市某区进行了学前教育质量的三年追踪评估工作，主要考察了儿童在动作发展、语言交流、学业认知、情绪社会性和艺术五大领域的发展状况及问题行为表现，并从对影响其发展的幼儿园环境因素（包括师生比、班均儿童数、教师教育观念和教育行为、师幼关系等方面）和家庭环境因素（包括教育支出、父母受教育水平、亲子关系、夫妻关系、家庭为儿童提供的生活经验、文化资源和社交机会等方面）进行了评估。本课题组也参与到了这一项目中，具体内容可见本讲"本土成果"部分。

2018 年 6 月，青岛市教育局、中国海洋大学、青岛市教育评估与质量监测中心组织开展了青岛市首次大规模幼儿教育质量监测。不仅对儿童认知、言语、动作和社会性发展等核心领域进行了综合评价，而且重点关注了幼儿教师的职业素养、心理素质、职业发展以及幼儿园与家庭和社区的合作伙伴关系等环境因素对儿童健康成长的影响。

第三，我国一些研究机构也开展了区域范围的学前教育质量综合评估和研究工作。例如，中国教育科学研究院（2011 年前称为中央教育科学研究所）从 20 世纪 80 年代开始分别开展了"适应我国国情，提高幼儿素质的调查研究"（1985—1990 年）、"六省（区、市）幼教机构教育评价研究"（1991—1995 年）和"中国幼儿园教育质量评价：十一省（区、市）幼儿园教育质量调查研究"（2006—2010 年）三项大型的学前教育质量评估项目。在评估内容上，它们都对儿童的动作、认知、语言、社会性等方面的发展水平进行了测评，并且都关注到了幼教机构的地区环境、建筑与设备等总体状况及其师资队伍情况、教师的教育观念与行为、幼儿活动以及家庭条件和家长教养状况等影响儿童发展的因素，但又各有其侧重。

具体来看，1985 年的"适应我国实情，提高幼儿素质"项目对我国北京、山西、辽宁、宁夏、重庆、贵州、湖南、安徽、江苏、上海十个省区市的幼教现状采用家庭访问、教养机构访问、地区问卷、儿童水平测量等方式进行了调查研究，发现我国 4 岁儿童中有 70% 的儿童完全由家庭照顾，托幼所、幼儿园发挥的作用偏低，这显示了 20 世纪 90 年代我国早期儿童教育的短板，也为未来发展提供了方向。

20 世纪 90 年代，项宗萍主持的"六省（区、市）幼教机构教育评价研究"于黑龙江、内蒙古、贵州、广东、湖北、辽宁开展，其核心观点是"儿童的活动是儿童发展最直接、最重要的因素，所以我们衡量幼儿园教育质量怎么样，关键是看儿童的活动怎么样"。该项目对上一个项目进行了拓展，不仅关注结构变量（主要指对教育过程产生影响的幼教机构的地区环境、设施与材料等相对稳定的条件）和取向变量（主要指影响教育过程的教师、家长等相关教育者的教育理念、价值观等），而且将焦点放在过程变量上，对幼儿在园日常生活经历的动态过程进行了考察评价。项目还增加了家庭教育过程变量群，设立了家长对子女的学历期望水平、亲子交往内容和频率及家长教养方式三方面的评估内容。

中国教育科学研究院刘占兰组织开展的"十一省（区、市）幼儿园教育质量调查研究"，于 2006 年开始历时 4 年对我国包括北京、广东、天津、辽宁、山东、河南、湖南、重庆、新疆、云南和甘肃在内的东中西部共计 11 个省区市 22 个区县 440 所幼儿园的教育质量进行了全面的评价。研究立足于新的时代特点，将班级环境变量作为最核心的变量群，通过实地考察、现场观察和访谈获取幼儿班级质量、半日活动安排、教师行为、幼儿活动及师幼之间的互动等信息，体现了以班级为基本单位进行幼儿园教育质量评价的基本观点和理论框架，为幼儿园教育质量的评价和改进提供了科学依据，对深入准确把握我国幼儿的发展现状、探讨影响幼儿发展的因素有重要意义。

2. 儿童早期发展特定领域的深入评估

我国研究者除了对儿童发展及成长环境进行综合性的评估外，也对儿童在特定领域的发展状况进行了深入的评估研究，对落实《3~6 岁儿童学习与发展指南》中提出的儿童五大发展领域提供了一定的科学依据，也为广大家长和早教工作者提供了教养建议。下面以儿童的语言认知、数学认知、社会情感能力为例进行介绍。

以语言认知为例，研究者对学前儿童的语言认知能力、言语表达与理解能力的发展及其影响因素进行了诸多研究。例如，北京师范大学舒华教授团队一直关注儿童早期语言的发展，设计开发了一系列测查儿童早期语言发展的工具，涉及语音意识、语素意识、视觉加工能力、正字法意识和快速命名能力等，并指出这些认知能力的发展与其日后的汉字识别量、阅读能力密切相关（Li et al.，2012；舒华，李平，2014）。华东师范大学周兢教授采用语料库研究方法，运用计算机储存和分析汉语儿童的语料信息，构建了汉语儿童语言发展语料库模型。例如，在对 0~6 岁汉语儿童语用交流行为发展与分化的研究中，用录像收集儿童与母亲互动中的语言资料，然后对其进行转录、编码等处理，从言语倾向、言语行动和言语变通三个层面获得儿童语用交流的特点，最终揭示了儿童语用交流行为发展的规律和特点（周兢，李晓燕，2008）。

在儿童早期的数学认知方面，北京师范大学周新林教授开发了一系列测评儿童早期数学认知能力的工具，主要从数、计算、空间 / 几何图形、测量和模式等维度对幼儿的数学认知能力发展进行测查。还有研究者从书面数符号的表征和理解出发，考察学前儿童对数字的运用能力和从具体形象思维到抽象数学思维发展的情况（周欣、王滨，2004）。此外，针对我国幼儿园教育长期以来更侧重教授数学知识内容的情况，华东师范大学周欣教授（2017）提出，在对学前儿童数学学习与发展进行监测评估时，不仅要依据《指南》提出的数关系、空间几何等数学认知领域的知识内容目标进行评估，更应增加对学前儿童数学学习兴趣、解决问题、表达交流等过程性能力的评估，比如使用应用题、表现性评价、认知诊断和情境测验等方式。

就社会情感能力而言，我国研究者较多关注儿童早期的人际交往和社会适应发展。例如，刘国艳（2008）对美国《12~36 月龄儿童情绪社会性评估量表》（Infant and Toddler Social and Emotional Assessment，简称 ITSEA）进行了中国版的修订及标化，并应用该量表从外显域（包括活动度 / 冲动性、攻击性 / 反抗性和同伴攻击三个维度）、内隐域（包括忧郁 / 退缩、焦虑、恐惧、焦虑 / 强迫现象、分离焦虑和对新鲜事物退缩六个维度）、失调域（包括睡眠、负性情绪、饮食及感官的敏感性四个维度）及能力域（包括依从性、注意力、模仿 / 游戏、掌握动机、移情和亲社会的同伴关系六个维度）四个领域对近 6000 名 1~3 岁幼儿的情绪社会性发展进行了量化评估及其影响因素的系统探索。丁丽丽等人（2016）采用纵向观察法探讨了婴儿在 3 个月、12 个月时的家庭养育环境与其 24 个月时发育水平及情绪社会性发展间的关系。有研究者进一步编制了一套用于测评早期儿童自我意识情绪发生发展的工具，更进一步地综合运用访谈法、问卷调查法、情境实验、非言语行为表达编码技术、ERPs 等手段对早期儿童的尴尬、自豪、羞耻、内疚等情绪及其生理状况、气质、认知和家庭环境等相关影响因素进行了一系列的研究（杨丽珠等，2014）。

总体而言，我国目前自上而下进行的儿童早期教育评估项目从多个层面、多个角度对儿童早期发展及其成长环境进行了全方位的考察，并体现出以下几个特点：评估对象以 3~6 岁儿童为主；评估范围以幼儿园为核心；评估方法上，不仅将观察法、访谈法、调查法和测量法等多种方法相结合，并且编制了适宜我国国情的本土化评估工具，并仍在不断完善；评估性质上，我国早期儿童发展评估和学前教育质量评价已经从教育系统内上级对下级的行政化评价逐渐走向由学术团体参与的评价与研究相结合的科学化评估，评价质量不断提高；评估机构上，呈现出多元化趋势，评估人员也向着专业化发展。我国早期儿童发展及其成长环境的评估工作正在促进早期教育的科学化进程中发挥着重要的作用。

三、多方联动，开展早期教育扶贫

教育扶贫是阻断贫困代际传递的根本，是扶贫的有力支撑。作为终身教育的起点，早期教育的质量直接影响幼儿认知、个性社会性的发展甚至未来的学业成就，且具有长期效益。但目前在我国农村贫困地区，由于经济条件落后，早期教育资源低质且不足，家长受教育程度较低且教育观念落后，贫困地区的儿童各方面的发展速度和发展水平都有待提高。鉴于早期教育对于人终生发展的奠基作用，对贫困地区早期教育的关注，将更有力地推动教育公平发展。从这个意义上，早期教育扶贫是整个教育扶贫工作中的战略性、先决性工作，具有重要的现实意义。

因此，近年来，我国的教育管理部门以及许多机构和组织也开展了一系列改善贫困地区儿童成长环境、促进贫困儿童早期发展的干预工作。这些工作不仅包括国家层面的政策性推动，也包括与一些非政府组织联合开展的干预项目等。下面从针对贫困地区 0~3 岁儿童的基于社区、家庭的早期发展干预，以及针对贫困地区 3~6 岁儿童的基于幼儿园的干预两个方面进行介绍。

1. 基于社区和家庭的儿童早期发展促进项目

0~3 岁儿童的早期教育以家庭和社区为主体，家庭教育质量直接影响婴幼儿的发展状况。农村偏远贫困地区的家长由于受教育水平低、常常忙于生计等现实情况，通常存在理念上不重视、行为上不科学等问题，在这样的教育环境下，农村偏远贫困地区 0~3 岁婴幼儿的发展需要重视。在 2018 年一项某农村贫困地区开展的研究中，婴幼儿中 6~12 月龄、12~18 月龄、18~24 月龄三个年龄段中认知发育迟缓发生率分别为 13.4%、20.1%、42.9%，而在 24~30 月龄的婴幼儿中其比率达到了 50.4%（崔艺等，2018）。对此，国家也在相关政策文件中针对贫困地区儿童的早期教育进行了规划，提出了要求。例如，2015 年 1 月，国务院办公厅印发《国家贫困地区儿童发展规划（2014—2020 年）》，文件明确指出，"我国儿童事业发展还不平衡，特别是集中连片特殊困难地区的 4000 万儿童。促进贫困地区儿童发展是切断贫困代际传递的根本途径，是全面建成小康社会的客观要求"，并提出"开展婴幼儿早教保教，为 3 岁以下儿童及其家庭提供早期保育和教育指导服务，组织专家和有经验的志愿者到边远地区开展科学早教服务"。2019 年 5 月，国务院办公厅发布《关于促进 3 岁以下婴幼儿照护服务发展的指导意见》中也特别提出"要加大对农村和贫困地区婴幼儿照护服务地的支持，推广婴幼儿早期发展项目"。

近年来，中国的教育管理部门与一些非政府组织一起开展了一系列促进 0~3 岁婴幼儿早期发展的干预项目。例如，全国妇联和联合国儿童基金会（UNICEF）开展的"儿童早期综合发展项目""儿童早期发展的社区—家庭支持"项目（UNICEF，2015），以及国际救助儿童会（英国）（Save the Children）开展的"0~3 岁儿童早期关怀与发展项目""3 岁以下婴幼儿照护服务发展项目"等（Save the Children，2020）。这些公共服务大多依靠当地妇联、卫健委，以及社区或者村委会的力量，通过提供硬件设施以及专业支持来提升 0~3 岁儿童家长的教养水平，进而促进 0~3 岁孩子的发展。

由全国妇联与联合国儿童基金会合作开展的"儿童早期发展社区—家庭支持"项目，选择湖北、湖南、河北、重庆、新疆等地农村地区的 0~3 岁儿童及家庭作为干预群体，基于自然村或社区建立儿童早期发展中心，按照统一的规范和标准进行中心的软硬件建设，提供可以开展游戏和阅读的设施设备与场所，配备故事书、游戏玩具、桌椅及儿童户外活动设施。在项目活动模式和内容上，项目组会定期（至少每周 2 次）组织丰富多彩的亲子活动（包括亲子游戏活动、亲子阅读等），并积极鼓励看护人在社区活动中心查阅科学育儿知识以及与其他看护人交流经验，带孩子来活动中心阅读和游戏。同时定期举行家长课堂，为家长提供儿童健康、营养、安全、早期发展等方面的培训，提高他们养育儿童和教育儿童的能力。也通过志愿者的入户家访等形式为家长提供指导，为有特殊需要的儿童提供转介支持服务等。此外，在项目的支持保障方面，项目开发了专业性的指导手册及网站来为志愿者开展早教活动提供指导。手册介绍了儿童权利和保护的基本理念、早期发展规律与教养策略、儿童早期发展服务中心如何建立、项目管理经验、绘本及玩具的使用方法、宣传活动如何开展、亲子阅读和其他亲子活动如何开展及相关实例，内容翔实、素材丰富，具有很高的阅读性和可操作性。同时也通过向家长开放"科学育儿网"及提供各种育儿资料信息的方式，引导家长改变观念，指导家长科学育儿（UNICEF，2015）。

而由国际救助儿童会（英国）在我国新疆维吾尔自治区开展的"0~3 岁儿童早期关怀与发展项目"则主要通过基于家庭的方式，在农村建立"基于家庭（home-based）的核心家长工作小组"，每个小组包含 7~10 个家庭，每个小组选取一名核心家长，由核心家长接受专门的科学养育培训和亲子活动指导后，通过宣传、示范和组织亲子活动等方式将科学的早期育儿理念和方法传达给普通家长，最终带动和促进整个村 0~3 岁儿童的早期综合发展。在项目的支持与保障方面，项目为家长提供有关科学喂养、亲子活动、亲子阅读、儿童早期发展等相关知识的书籍与手册，并翻译成民族语言，供家长学习。还为家长提供开展活动所需的材料包，包括玩具、图书等。项目工作人员全程对家长小组的活动提供帮助，并每个月进行现场的观察督导。此外，项目还与多方联动，如组织志愿者定期入户家访，走访村委会和教育管理部门，以便及时发现家庭教育中的问题，并整合多方资源进行解决（Save the Children，2020）。

2. 基于幼儿园的儿童早期发展促进项目

3~6 岁儿童的早期教育以幼儿园为主体，除家庭教育外，在幼儿园中接受教育的质量也对儿童的发展具有直接深远的影响。尽管国家通过建立和规范各类幼儿园的办园行为，不断改进 3~6 岁儿童的教育，但农村偏远贫困地区的学前教育仍然存在着诸如儿童入园率低、入园年龄和时长不规范，幼儿园教师数量不足、素质不高，幼儿园区域分布不均，学前教育资源不足等问题。针对此，我国在相关文件中也特别对改进农村地区学前教育质量提出了明确的要求。比如 2016 年国务院办公厅印发的《关于加快中西部教育发展的指导意见》中明确提出，要积极发展农村学前教育，争取 2020

年中西部地区农村学前三年毛入园率达到 70% 的指标。在 2018 年国务院颁布的《中共中央 国务院关于学前教育深化改革规范发展的若干意见》中明确提出中央财政将继续安排支持学前教育发展资金，支持地方通过多种形式扩大普惠性资源，健全幼儿资助制度，并重点向中西部农村地区和贫困地区倾斜。

中国的教育管理部门与一些非政府组织也合作开展了一系列促进 3~6 岁儿童早期教育的干预项目。例如，针对中国贫困地区农村和少数民族地区学前教育资源匮乏的问题，中国发展研究基金会于 2009 年开展了"一村一园"项目，通过设置山村幼儿园，向生活在贫困地区的 3~6 岁儿童提供免费的、有质量的学前教育。在教学环境建设方面，项目主要利用农村闲置的校舍、党员活动室等公房作为场地，并在可利用场地的基础上投入经费重点进行场所内部建设，例如建设区角和功能区，装修教室及睡眠室，投放玩教具及相关设备等。在教师队伍建设方面，项目在本地招募高中以上学历且有幼教背景或工作经历的青年作为全职志愿者教师，并与地方政府整合双方学前教育培训资源对志愿者教师进行定期培训，从降低幼教人员的招聘门槛和提高教师基本业务能力两个方面加强学前教育的师资水平。在项目的支持与保障方面，项目针对农村幼儿园教师的实际需求开发了培训资料，例如《幼儿园指南》《幼儿园课程计划指南》等，供志愿者教师学习及使用（中国发展研究基金会，2009）。

再如，"爱生幼儿园"项目是由教育部与联合国儿童基金会（UNICEF）共同开展、以向我国西部和农村地区普及优质幼儿教育为目标的早期儿童干预项目。项目以"以儿童为本"为理念，通过提高幼儿园教师在创设环境、制订计划、组织活动、评论儿童发展等方面的教育实践能力，优化当地的学前教育质量，并使幼儿为进入小学做好准备。在教学环境建设方面，项目十分重视幼儿园环境建设的安全性和适宜性，例如，建立足够幼儿开展活动的室内和户外活动空间，创设温馨、接纳和包容的心理环境，保证营养、安全卫生的饮食，提供安全、牢固、完好的设施设备以及安全、卫生、无毒无害的操作材料等。此外，项目还通过整合社区和家庭资源，共同促进幼儿健康成长。例如，成立了由家庭、社区组成的管理小组，共同制订幼儿园发展规划，积极吸纳相关教育资源；邀请家长或社区的有关专家参与幼儿学习过程，如介绍与幼儿学习活动相关的知识、技能；为家长提供学习幼儿教育的机会，包括举办家长学校、编辑图文并茂的家园通讯、邀请家长当助教和举办亲子活动，并向社区寻求财政或资源的支持等（UNICEF，2015）。

四、本土成果：0~6 岁儿童发展的研究、评估与促进体系

1. 我们开展的研究与评估工作

十余年来，我们课题组一直围绕"早期成长环境与儿童发展"开展基础研究和应用研究方面的工作，逐步构建起了一套以研究为基础、以评估为手段、以促进为目标的"研究—评估—促进"的三阶段循环工作模式（图 7-1），相关成果已经在众多的研究和实践中得以运用，并取得了良好的效果。

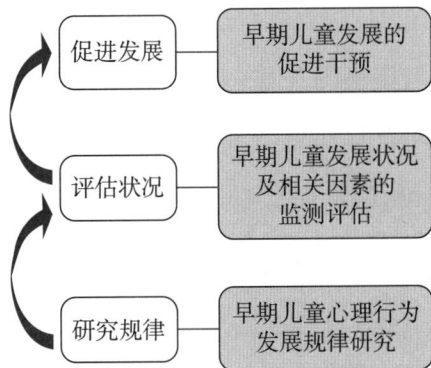

图 7-1 早期儿童发展相关工作体系

首先，我们的研究工作主要围绕早期阶段儿童心理行为发展规律，家庭、幼儿园环境特征及其对儿童心理行为发展的交互影响展开。综合运用测验法、情境实验、社会提名、问卷调查、访谈法等研究方法，采用横向研究和纵向研究相结合的范式，选择儿童自身、家长、教师等儿童早期成长中的重要他人为研究对象，以儿童早期的各项心理能力为核心，构建早期成长环境 / 经验对儿童心理能力的发展轨迹及作用路径，进而探究早期成长环境 / 经验作用的亚群体差异（如性别、独生和非独生、流动 vs 非流动、城乡等）。同时，我们还着重探讨了早期发展中家庭和幼儿园环境的影响作用及相互作用机制。本书的第 3~ 第 5 讲已经对此方面的内容进行了详细的介绍。这些研究一方面帮助我们了解了我国文化背景下儿童早期发展的特点以及家庭和幼儿园中的关键保护因素和危险因素，有助于为家庭和早教机构教育工作的开展提供启示；另一方面，在开展研究过程中，所积累的研究工具和方法也为相关研究者开展更大范围的评估工作提供了方法支持。

其次，在进行早期环境与心理发展的多层面研究的基础上，我们结合国家及地方政策需求，逐步开展了儿童早期发展的大范围评估工作。这一层面的工作主要是以评估儿童早期发展状况为核心目标，全面描述儿童发展与家庭环境、幼儿园环境的关系，总结政策指导下儿童发展及相关干预措施的效果与问题，为教育及行政部门科学有效地调整政策布局、优化教师教育行为提供客观现实的依据。

针对儿童早期发展的五大领域，通过一对一测验、抚养人评定、情境实验等方法进行评价，部分评价指标如表 7-1 所示。

表 7-1　儿童早期发展能力评估指标一览表

儿童发展领域	具体能力
动作	精细动作、粗大动作、健康习惯等
语言	语音意识、言语理解、言语表达、阅读能力、书写意识等
认知	注意、记忆、自我控制、认知灵活性、数和计算、空间概念、时间概念、规律排序、科学探究等
艺术	音乐感受与表达、材料探索与创作、绘画表达能力等
社会性	情绪理解、情绪调节、共情能力、社交能力、心理理论、亲社会行为、气质、内向与外向问题行为、自我管理等

针对家庭环境，通过问卷法、测验法、访谈法等对儿童的父母亲等主要抚养人进行评估，部分评价指标如表 7-2 所示。

表 7-2　儿童早期家庭环境评估指标一览表

家庭环境	评估指标	具体方面
家庭背景特征	家庭社会经济地位	家庭的收入、抚养人的受教育水平、职业、家庭拥有物等
	家庭结构	家庭成员数量、家庭结构等
	家庭的教育投入	家庭教育支出、家庭藏书量、玩具等

续表

家庭环境	评估指标	具体方面
家庭心理 环境	家庭养育环境	科学喂养、营养卫生、安全保护、疾病预防等
	家庭教育环境	教育观念、教育方式、亲子互动、夫妻关系、亲子关系、家庭学习环境等
	抚养人特征	抚养人身体状况、心理健康、抚养困难、隔代抚养等

针对幼儿园环境，通过观察法、问卷法、访谈法等方法对幼儿园的物理环境和心理环境等方面进行评估，部分评价指标如表 7-3 所示。

表 7-3　幼儿园环境评估指标一览表

幼儿园环境	评估指标	具体方面
幼儿园背 景特征	幼儿园构成	儿童的社会经济地位构成
		幼儿园人口构成（含幼儿园流动儿童比例、幼儿园性别比例等）
	幼儿园空间 设施	幼儿园的空间设置（含室内空间、室外空间、区角设置、活动区域设置等）
		幼儿园的设施（含学习设施、游戏设施、生活保育设施）
		幼儿园的教学材料（含教学用具、书籍、玩具等）
	幼儿园师资 质量	教师的学历、教龄、专业、师生比、教师专业培训等
幼儿园心 理环境	教学安排	一日生活安排
		幼儿园的课程设置
		师生互动质量（含教师对儿童的情感支持、教育支持、活动组织等）

续表

幼儿园环境 评估指标	具体方面
教师的教育观念和行为	教师的教育观念、教育行为等
关系氛围	师幼互动、师幼关系、同伴关系等
家园互动	家庭和幼儿园沟通频率、沟通方式、家长对幼儿园工作的参与等

综上，经过这些年来的研究和评估实践，我们形成了一套囊括儿童发展、家庭环境、幼儿园环境三位一体的完整的早期教育质量评估体系：区分 0~3 岁和 3~6 岁两大阶段，并构建阶段内不同年龄儿童（比如 0~1 岁、1~2 岁、2~3 岁）的精细化评估指标和体系。自评和他评结合，综合运用访谈法、观察法、问卷法、测验法、情境实验等方法开展研究和评估工作，形成了以幼儿发展状况为核心，以家庭环境和幼儿园环境为动力，以物理环境和心理环境为支撑，涵盖背景信息、关系变量、观念及行为的多维度、多层次立体评价模型，拓展并挖掘了评估体系的广度和深度，更好地呈现出儿童发展的状况。

截至 2021 年，我们已经在诸多的区域性儿童早期发展评估中运用和验证了上述模型，积累了来自北京、重庆、河北、河南、山东、湖北、湖南、四川、新疆维吾尔自治区、云南等省区市的 5 万余名儿童的数据，为相关政府部门政策制定和项目规划提供了支持和客观有效的依据。

进而，基于大量的线下评估经验，我们开发完成了适于我国儿童发展特点的"3~6 岁儿童成长发展在线测评系统"。该系统贯彻"塑造全面发展的孩子"的重要理念，将国际通用的、经典的测验范式开发成线上的互动式测评。遵循"一体两翼"的理念，从儿童早期快速发展的重要能力、指向未来发展的基础能力等角度，选择关键的认知能力（注意专注力、工作记忆能力、自我控制能力、语言认知能力、数学认知能力等）和重要的社会—情感能力（心理理论、分享能力、情绪识别与共情能力、人格特质、社会适应行为等）两大方面对 3~6 岁儿童的发展状况进行评估。截至 2021 年，该系统已收集来自北京、山西、陕西、山东、河南等地的 3~6 岁儿童的常模数据。系统通过呈现生动的卡通形象和有趣的游戏场景搭建儿童友好的界面，儿童可以在轻松快乐的氛围中独立完成测评，通过自动记录和分析数据，测评完即可获得专业性、权威性的测评报告及与同龄儿童的对比报告。"3~6 岁儿童成长发展在线测评系统"能够对儿童的各项能力发展进行全方位、多角度的评估，兼备趣味性、便捷性、实用性、专业性和权威性，并且能够进行多次评估，跟踪指导，打造个性化的儿童发展促进体系。

2. 我们开展的早期教育促进研究

评估的最终目的是促进。通过分析各个层面的评估数据，我们通过撰写评估报告，并基于评估结果，向不同层面群体提出针对性的建议以及科学性、实质性的服务和支持，使儿童、家长及园长和教师都能从评估中获得专业帮助。为了更好地对不同层面的群体提供针对性干预，我们在小范围研究及大范围评估的基础上形成了儿童早期发展的综合促进模型。该模型以儿童为主体，以家长和幼儿园教师为关键对象，囊括了相关的专业技术人员及行政管理人员，集结多方力量以共同推动早期儿童综合发展，以提升儿童的早期教育质量。

对于儿童，我们会基于测评的结果，鉴别儿童发展的问题，开发相应的课程和活动方案。例如，由于过度使用电子产品，一定比例的儿童存在视觉注意、听觉注意方面的问题，针对此，我们正在与有关机构合作，开发儿童注意专注力的课程；针对社会—情感方面发展不足的儿童，比如共享能力低、分享合作意识差、自我管理能力不足等，我们正在与幼儿园和早期教育机构合作，开发有针对性的培养社会－情感能力的课程。

对于家长，我们通过提供科学育儿理念培训、科学养育行为的指导等帮助家长改进。例如，我们开发的亲子活动方案，从亲子阅读和游戏方面为家庭中亲子活动的开展提供了具体的、可操作的指导和活动范例，为社区和家长开展亲子活动提供了支持。目前这个方案已经在湖南、湖北、河北、重庆、新疆维吾尔自治区等地开展的儿童早期发展项目中使用。此外，基于我们开展的面向儿童发展的测评工作，在评估后都会给予家长有关儿童发展的评估报告，并对儿童的发展提供有针对性的教育指导方案，指导家长科学育儿。

对于园长和教师，面向其不断学习和专业发展的需求，我们通过提供专业培训和专家指导、组织连片和结对子等形式，构建园长和教师的学习共同体。例如，我们开发的幼儿园园长和教师培训手册，涉及幼儿园管理、政策解读、幼儿园活动组织与开展等方面，目前已经用于 2000 多名幼儿园园长和教师的专业发展培训活动中。此外，也通过为幼儿园园长和教师提供线上和线下的培训活动、专题讲座等，提升幼儿教师的专业素养。

研究是基础，评估是方式，促进是目标，这三者是一个循环往复的过程。我们需要从对早期教育的研究、评估和促进中不断发现新的研究问题，进而从对问题的研究中找到下一轮研究和评估的核心。通过科学的手段和方法，推动早期教育的科学化，惠及更多的家庭和孩子，让每一个孩子都拥有一个阳光起点。

主要参考文献

[1] 李燕芳，刘丽君，吕莹，等．人际关系状况与学龄前流动儿童的问题行为 [J]．心理学报，2015，47（7）：914-927．

[2] 李艳玮，李燕芳．儿童青少年认知能力发展与脑发育 [J]．心理科学进展，2010，18（11）：1700-1706．

[3] 刘占兰．中国幼儿园教育质量评价 十一省市幼儿园教育质量调查 [M]．北京：教育科学出版社，2011．

[4] 项宗萍，廖贻．六省市幼教机构教育评价研究 [M]．北京：教育科学出版社，1995．

[5] 姚宗强，何幼华，周兢，等．幼儿园教育评估指标研究 [M]．北京：高等教育出版社，2014．

[6] 周兢．汉语儿童语言发展研究——国际儿童语料库研究方法的应用与发展 [M]．北京：教育科学出版社，2009．

[7] 周平．湘西凤凰农村地区 3~4 岁幼儿入园现状及建议 [J]．科教导刊（上旬刊），2016（8）：149-150．

[8] Bradley，R. H.，Corwyn，R. F. Socioeconomic status and child development [J]．Annual review of psychology，2002，53（1）：371-399．

[9] Buyse，E.，Verschueren，K.，Doumen，S. Preschoolers' attachment to

mother and risk for adjustment problems in kindergarten：Can teachers make a difference? [J]. Social Development，2011，20（1）：33–50.

[10] Casey，B. J.，Tottenham，N.，Liston，C.，et al. Imaging the developing brain：what have we learned about cognitive development? [J]. Trends in cognitive sciences，2005，9（3）：104–110.

[11] Caspi，A.，Mcclay，J.，Moffitt，T.，et al. Role of Genotype in the Cycle of Violence in Maltreated Children [J]. Science，2002，297（5582）：851–854.

[12] Curtiss，S. Genie：A Psycholinguistic Study of a Modern–day "Wild Child" [M]. Boston：Academic Press. 1977.

[13] Damon，W.，Lerner，R. Handbook of child psychology. New York：John Wiley & Son，1998.

[14] Driscoll，K.，Pianta，R. C. Mothers' and fathers' perceptions of conflict and closeness in parent–child relationships during early childhood [J]. Journal of Early Childhood and Infant Psychology，2011，7：1–24.

[15] Giedd，J. N.，Blumenthal，J.，Jeffries，N. O.，et al. Brain development during childhood and adolescence：a longitudinal MRI study [J]. Nature Neuroscience，1999，2（10）：861–863.

[16] Gilmore J H，Knickmeyer R C，Gao W . Imaging structural and functional brain development in early childhood [J]. Nature Reviews Neuroscience，2018，19（3）：123–137.

[17] Hart，B.，Risley，T. R. Meaningful differences in the everyday experience of young American children [M]. Baltimore：Paul H Brookes Publishing Co.，1995.

[18] Kim，K. H.，N. R. Relkin，K.M. Lee & J. Hirsch. Distinct cortical are as associated with native and second language [J]. Nature，1997，388：171–174.

[19] Lamb，M. E.（Ed.）. The role of the father in child development [M]. John Wiley & Sons，2004.

[20] Li，Y.，Xu，L.，Liu，L.，et al. Can preschool socioeconomic composition moderate relationships between family environment and Chinese children's early academic and social outcomes? [J]. Children and Youth Services Review，2016，60：1-10.

[21] McCartney，K.，Dearing，E.，Taylor，B. A.，et al. Quality child care supports the achievement of low-income children：Direct and indirect pathways through caregiving and the home environment [J]. Journal of Applied Developmental Psychology，2007，28（5）：411-426.

[22] Melhuish，E. C.，Sylva，K.，Sammons，P.，et al. Preschool influences on mathematics achievement [J]. Science，2008b，320（5893）：1161-1162.

[23] O'Connor，E.，McCartney，K. Examining teacher－child relationships and achievement as part of an ecological model of development [J]. American Educational Research Journal，2007，44（2）：340-369.

[24] OECD. Early Learning and Child Well-being：A Study of Five-year-olds in England，Estonia，and the United States [M]. Paris：OECD Publishing，2020.

[25] OECD. 用图表看教育，2007.

[26] Shaffer，D. R.，Kipp K. Development Psychology：Childhood and Adolescence [M]. Brooks/Cole，2009.

[27] Sowell，E. R.，Peterson，B. S.，Thompson，P. M.，et al. Mapping cortical change across the human life span [J]. Nature neuroscience，2003，6（3）：309-315.

[28] Xu. L.，Liu，L.，Li，Y. et al. Parent-Child Relationships and Chinese Children's Social Adaptations：Gender difference in parent-child dyads [J]. Personal relationship，2018，in press.

扫描下方二维码，获取更多学习资源